© Nicola Ughi

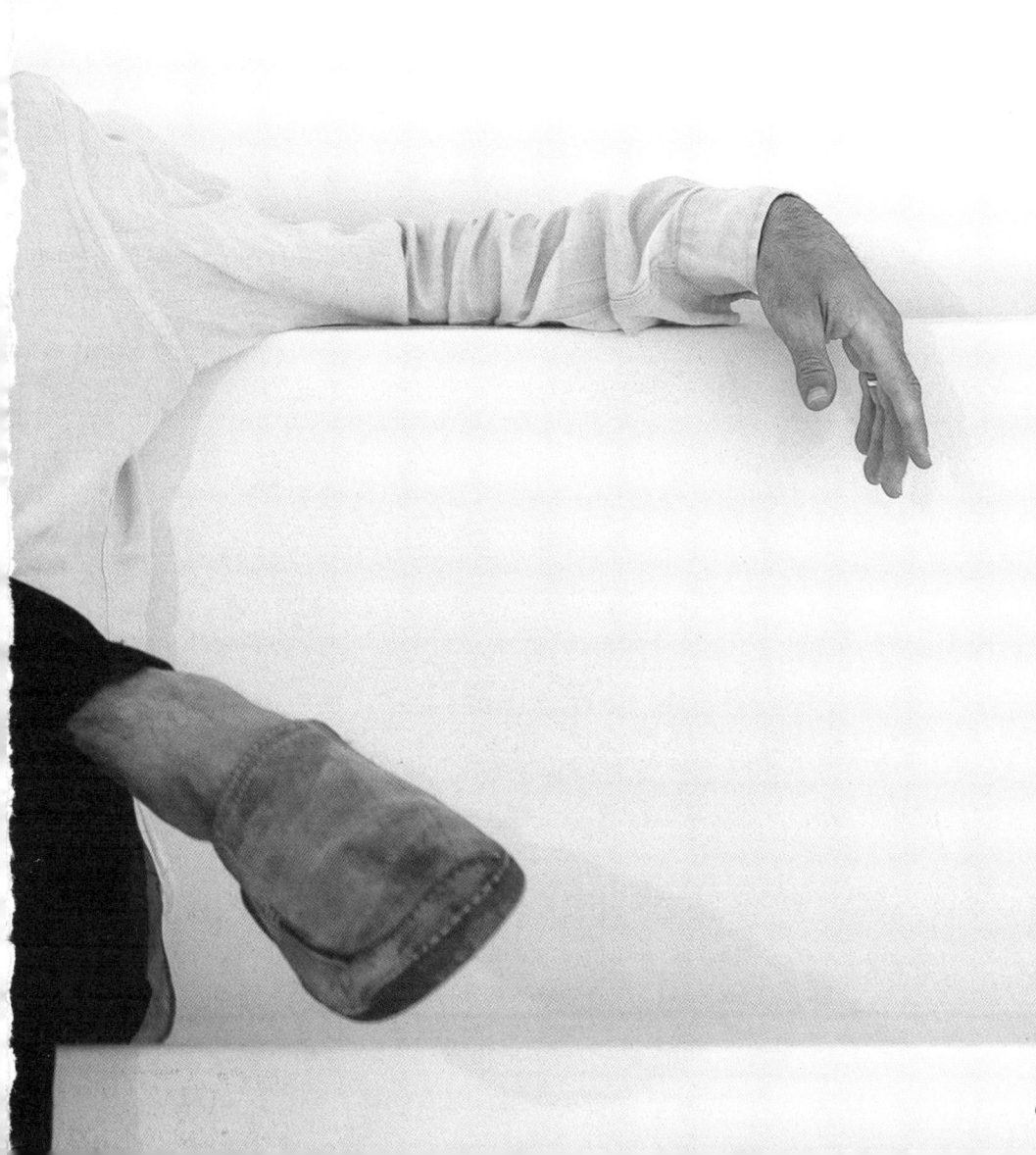

Marco Malvaldi
Paolo Cintia

Rigore di testa

Storie di pallone, paradossi, algoritmi:
il calcio e i numeri come non li avevate
mai immaginati

Referenze delle immagini all'interno:
© Playerank (ad eccezione delle figg. 1 e 2)

Rigore di testa
di Marco Malvaldi e Paolo Cintia
«Scrittori Giunti»

www.giunti.it

© 2021 Giunti Editore S.p.A.
Via Bolognese 165 – 50139 Firenze – Italia
Via G. B. Pirelli 30 – 20124 Milano – Italia

Prima edizione: ottobre 2021

Prologo

*Alcuni credono che il calcio
sia una questione di vita o di morte.
Non sono d'accordo.
Il calcio è molto, molto di più.*

Bill Shankly

È estate, l'estate del 2021, e siamo a cena fuori, con famiglia e amici. Siccome è estate, siamo a un tavolo all'aperto; e siccome ci sono gli Europei, oltre ai tavoli c'è anche un televisore che trasmette Francia-Svizzera. Se volgessimo lo sguardo in giro, vedremmo che un cospicuo numero di individui, invece di conversare con i propri simili, sta guardando la partita. Ma disgraziatamente non possiamo dare un'occhiata intorno, perché stiamo guardando la partita anche noi.

Siamo da sempre convinti che guardare lo sport sia una peculiarità dell'uomo dovuta a un adattamento evolutivo. Un retaggio di quando stavamo diventando sempre meno pelosi, ma che in verità ci accomuna a molti animali.

Quando branchi di nostri progenitori a quattro o due zampe si scontravano fra loro, immaginiamo, c'era chi pur non facendo parte di nessuna delle due bande si interessava alla mischia, e quindi era in grado di capire con chi allearsi; chi invece si disinteressava ai cazzotti e alle calcagnate, probabilmente, la volta dopo sbagliava a scegliere con chi allearsi, e finiva per affrontare quelli che pestavano più sodo, con tutte le conseguenze del caso: l'evoluzione non è un pranzo di gala. Insomma, è possibile che quelli che "stavano a guardare" siano sopravvissuti più dei "disattenti", i loro figli siano stati più numerosi, e la selezione abbia fatto il resto.

Ma tralasciando l'eredità evolutiva che ci spinge a guardare o, un po' meno spesso, a praticare gli sport, viene da chiedersi che cosa abbia di speciale il calcio rispetto ad altre competizioni sportive. Che lo abbia, crediamo sia innegabile. Il calcio è da tempo lo sport più popolare del mondo. Quelli a cui non piace devono loro malgrado accettarlo, e anche quelli a cui piace (i sottoscritti, per esempio) ogni tanto pensano che di tutto questo calcio non se ne può più. Poi però stasera c'è la partita.

Com'è possibile che il calcio ci piaccia così tanto?

La nostra personale convinzione è che, esattamente come nella vita, nel calcio gli eventi significativi e irreversibili succedono molto di rado. Segnare un punto, o comunque lo si chiami, in uno scontro diretto modifica la realtà in modo tale che non si può più tornare indietro: è un risultato che non può essere cambiato, ma – eventualmente – solo superato dall'avversario. La vera questione sta nella frequenza con cui si segnano i punti. Nel basket, per esempio, i canestri vengono realizzati in media ogni trenta secondi; nel tennis in media si segna un punto al minuto. Lo stesso dicasi di altri sport, di squadra o non. Nel calcio, invece, la frequenza dei gol è di uno ogni mezz'ora. Qui, contrariamente al basket o alla pallavolo (dove fare canestro o fare un punto schiacciando è la norma), la stragrande maggioranza delle volte un'azione *non* porta a un gol.

È un po' quello che succede nella vita. Uno fa tantissime cose nel corso della giornata, si alza tutte le mattine, studia, lavora, mangia, ma questo non porta a conseguenze irreversibili o irreparabili per lui, almeno nel breve periodo. Poi, ogni tanto, su scale di tempi più lunghe di quelle delle nostre azioni quotidiane, la vita intorno si addensa in un risultato stabile, o così a noi sembra: un colloquio di lavoro che va bene, una persona che ci guarda negli occhi in quel modo lì, un neonato che bercia o – più raramente – che si addormenta beato.

Se ci aspettiamo un punto ogni manciata di secondi oppure uno ogni mezz'ora, il nostro atteggiamento mentale cambia, e questo non sorprende nessuno. Quello che secondo noi è estremamente importante non è l'attesa, ma conseguenza di questa attesa.

Un gol ogni mezz'ora significa, in media, tre gol a partita; l'esito dello scontro si decide su un numero di punti veramente esiguo. Il che a sua volta significa che non sempre vince il più forte, perché il risultato di una partita può essere deciso più dal caso che dalla prestazione – se le due squadre sono di livello paragonabile: un eventuale Real Madrid-Navacchio probabilmente finirebbe con un punteggio a metà fra tennis e pallavolo.

Ne segue la ragione fondamentale per cui il calcio ci piace: è uno sport dove, da spettatori, possiamo liberare la nostra irrazionalità. Possiamo a buon diritto sperare che la nostra squadra vinca la partita, anche quando sulla carta è più debole di quella avversaria.

Vincere, non importa come: va bene anche un gol fortunoso al primo minuto seguito da un'ora e mezzo più recupero di pullman parcheggiato davanti alla porta. Non è tanto il successo finale che ci appaga, bensì quegli ottantanove minuti di speranza durante i quali diciamo a noi stessi che, anche questa volta, abbiamo fatto la scelta giusta a tifare per quel manipolo di brodi.

Nella vita non si può essere sempre razionali, e ogni tanto è necessario essere istintivi, non si può calcolare tutto. Ma possiamo mascherare il nostro istinto da raziocinio, trasformando le nostre opinioni in un oggetto inequivocabile: il numero.

Nel secondo dopoguerra, un giornale milanese che si chiamava *Milaninter*, e che – non sorprendentemente – seguiva le compagini ambrosiane, cominciò a valutare le prestazioni domenicali dei giocatori dando loro un voto. I due redattori che ebbero la trovata erano giovani ventenni, cosicché i voti erano in trentesimi, come all'università. Alla fine dell'anno, al miglior giocatore veniva dato un premio: in piena tradizione aziendale milanese, un cronometro di precisione o un orologio.

L'iniziativa piacque qualche anno dopo a un giovane giornalista del *Giorno*, che la fece sua, con due modifiche sostanziali. La prima, quella di portare i voti dai trentesimi delle facoltà universitarie ai decimi delle scuole, aggiungendo i mezzi voti. La seconda, di accompagnare ogni voto con un giudizio, breve e inappellabile come il voto stesso, ma molto più divertente. Oggi pochi ricordano i nomi dei giornalisti che ebbero l'idea originale delle pagella, due signori dai milanesissimi cognomi di Missaglia e Scarambone, mentre tutti hanno ben presente il tizio che la rese un successo, un altro con un nome milanese che più milanese non si può: Gianni Brera.

Ci sono molte discussioni su chi sia stato il più grande calciatore italiano di tutti i tempi, ma credo che se si votasse su chi sia stato il più grande giornalista sportivo italiano ho pochi dubbi: Gianni Brera vincerebbe con percentuali bulgare.

Brera era un funambolo della parola scritta e – dote rarissima – sapeva rivolgersi e farsi capire sia dal fine intellettuale sia dal popolaccio bue, che lo leggevano con scopi forse diversi, ma con uguale godimento; e, dovendo scegliere con quale linguaggio parlare di calcio, se quello regolare e inequivocabile dei numeri o quello alato e multiforme di Dante e di Manzoni, non sentì seghe e li scelse entrambi. Insomma, uno come Gianni Brera, con la sua padronanza della nostra lingua e della storia, della cultura che l'hanno formata, per descrivere adeguatamente una partita di calcio trovò necessario usare sia le parole sia i numeri. Crediamo che questo la dica lunga sulla complessità del calcio.

D'altra parte, in questi casi il numero non è che un pretesto per dare una patina di credibilità a giudizi perlopiù soggettivi.

E infatti, diciamoci la verità: quanti di noi leggevano e leggono Gianni Brera per vedere che voti dava?

Nelle righe precedenti si diceva che il calcio è una delle manifestazioni umane che abbiamo sentito il bisogno di spiegare sia con il linguaggio naturale sia con i numeri. In seguito, nel secondo dopoguerra, la statistica sarebbe diventata il linguaggio per eccellenza per descrivere gli umani e i loro comportamenti collettivi. Lo strapotere che la statistica ha acquisito negli anni forse è indice del fatto non tanto che come strumento funzioni meglio, ma che si capisce meglio di tanti discorsi.

Noi siamo pienamente convinti che la statistica sia uno strumento essenziale per comprendere e spiegare la società, ma siamo altrettanto convinti che ci sia molta strada da fare, prima che la statistica sia in grado di convincere quanto un discorso ben fatto. Un po' perché molte persone non capiscono la disciplina; un po' perché la stessa statistica è ancora ben lontana dal restituire con i numeri una rappresentazione completa ed esaustiva della realtà.

Per colmare questo duplice scarto, il calcio potrebbe essere la svolta.

Vedremo adesso in che senso. Non prima, però, di una piccola digressione.

Il *deep learning*, o "apprendimento profondo", è una branca dell'intelligenza artificiale che si occupa di costruire le cosiddette "reti neurali" artificiali. Si cerca, cioè, di sviluppare modelli di interconnessione ispirati alla struttura dell'encefalo umano. Nella pratica, dei computer creano una rete virtuale di nodi e collegamenti di portata variabile, un po' come se fossero i neuroni e le sinapsi di un cervello. Nel caso del deep learning, però, la creazione della struttura di questa rete è lasciata al computer stesso, seguendo un meccanismo di prova ed errore molto simile a quello con cui imparano gli umani: se fai questo e il risultato è giusto, mantieni i collegamenti, se invece è sbagliato prova a eliminarne uno e vedi se migliora.

A oggi il deep learning, complice il lavoro indefesso di statistici, ingegneri e informatici, ha raggiunto livelli mostruosi di efficienza. Risultati che aprono nuove prospettive nell'intelligenza artificiale e al suo utilizzo nei più svariati campi.

Purtroppo, il deep learning per funzionare ammodino deve nutrirsi di dati. Più precisamente: per sviluppare e "allenare" i sistemi di deep learning occorrono grandi quantità di dati, dati che somiglino il più possibile a quelli del problema che vogliamo studiare.

E qui entra in ballo il calcio: stavolta inteso non come sport ma come laboratorio sociale, miniera di dati grazie a cui il *data scientist* – se avesse letto "data scientist" probabilmente Gianni Brera avrebbe messo mano alla pistola – può "allenarsi" ogni giorno, mettere alla prova i propri modelli e sviluppare nuove tecniche di analisi.

Perché se ammettiamo che le dinamiche del calcio giocato assomiglino a quelle della vita, e di molti suoi aspetti, allora è molto probabile che anche gli strumenti per studiare i dati del calcio possano essere utili a smontare e rimontare i dati della vita – e magari ricavarne modelli utili alla comprensione del mondo. Dati che spesso sono rumorosi, poco precisi, influenzabili da tutta una serie di variabili a cui non abbiamo accesso – non è facile capire se ci riferiamo al calcio o alla vita, lo facciamo apposta, per convincervi che la nostra idea è plausibile. Un truccaccio da filosofi, se non da retori, ma del resto molte delle riflessioni e procedimenti che troverete in questo libro prendono le mosse proprio dalla filosofia, per poi venir tradotti in matematica e infine espressi in codici informatici.

Quello che vogliamo fare, in pratica, è applicare le tecniche della modellazione dei dati per capire il calcio, nella speranza che questi metodi possano servire a studiare meglio altri aspetti della vita nei quali gli eventi significativi, quelli che modificano in maniera permanente una determinata situazione, sono rari. Come la salute, per esempio.

Per convincervene, permetteci un'ultima digressione.

Il nostro corpo si mantiene in salute grazie al proprio sistema immunitario, che combatte in continuazione una battaglia silente contro gli agenti patogeni che arrivano dall'esterno. Come una squadra che fronteggia un avversario, ma che al tempo stesso deve fare attenzione a se stessa. Infatti, il sistema immunitario funziona bene quando è in grado di riconoscere oggetti che stanno in posti che non dovrebbero stare, sia perché arrivano dall'esterno (come un virus, un attaccante che si incunea in una difesa schierata) sia a seguito di un danno (come il sangue che va in giro a causa di una ferita, simile a un difensore stanco o infortunato che prende la direzione sbagliata e rimane inopinatamente in attacco dopo un contropiede). È una coreografia a metà tra cooperazione e competizione, che deve tenere in equilibrio queste due componenti. Non può esagerare e arroccarsi in difesa, perché non farà mai gol, ma nemmeno riversarsi in attacco alla cieca trascurando le retrovie: gli eventi significativi e irreversibili, infatti, che siano malattie o guarigioni, gol fatti o subiti, nascono da uno squilibrio minimo tra queste due fasi, offensiva e difensiva.

Il nostro sistema immunitario e i nemici che combatte sono sistemi raffinatissimi, che si sono evoluti grazie alla continua competizione tra l'uno e l'altro, e l'uno e l'altro posseggono forze paragonabili ed elementi quasi imbattibili. Sono tante le analogie con un campionato di calcio, con squadre fortissime e squadre deboli, ma pur sempre squadre di Serie A, dove – l'abbiamo già detto all'inizio – l'ultima in classifica può benissimo battere la prima.

Se vi ricordate cosa diceva Bill Shankly a inizio capitolo, probabilmente adesso gli state dando un significato diverso, no?

Un diluvio di numeri
(sopra un deserto di idee)

Ci sono 10 tipi di persone nel mondo:
chi conosce il sistema binario, e chi no.

Anonimo

Barbados-Grenada, partita valevole per la qualificazione alla fase finale della Coppa dei Caraibi 1994.

All'87°, accade qualcosa di apparentemente inspiegabile: uno dei difensori di Barbados, Terry Sealy, e il portiere, Horace Stoute, si passano la palla con indolenza otto o nove volte fino a farla finire, volutamente, nella propria porta. La partita, che era sul 2-1 per Barbados, si porta adesso sul 2-2.

Chiariamo subito che il risultato della partita non è affatto ininfluente: è una gara ufficiale, e tutte e due le squadre sono in lizza per passare il turno, l'una contro l'altra. Non c'è nessun tentativo di aggiustare il risultato per far passare entrambe le compagini a spese di terzi – un aspetto che va chiarito, visto che gli italiani quando sentono parlare di 2-2 in una partita finale di un girone avanzano sempre dei comprensibili sospetti.

Che non sia un biscotto lo dimostra il comportamento di Grenada nei minuti successivi, tre regolamentari e quattro di recupero, con i caraibici del Sud che tentano in tutti i modi di segnare. Solo che anche loro lo fanno in modo strano.

I giocatori di Grenada, infatti, dopo un'azione di attacco andata male, sul rinvio del portiere di Barbados si lanciano in uno dei tentativi di contropiede più assurdi della storia del calcio, tentando stavolta di segnare nella propria porta, mentre i barbadiani si assiepano a difesa della rete – quella avversaria. E si va avanti così, per sette assurdi minuti durante i quali Grenada tenta di mettere la palla in una delle due porte, senza stare troppo a sottilizzare quale, e Barbados tenta di impedirlo in entrambi i casi.

Il comportamento delle due squadre non era così irrazionale come potrebbe sembrare: entrambe avevano l'intenzione di passare il turno, e quello che stavano facendo era il modo più intelligente di farlo.

L'inizio degli anni novanta fu un periodo di grandi innovazioni nelle regole del calcio: tra queste, le più significative furono (nel 1992) il divieto per il portiere di prendere la palla con le mani su un retropassaggio volontario di piede e (nel 1993) l'introduzione del cosiddetto "golden gol", una delle regole più sciagurate mai pensate per vivacizzare il gioco e per evitare a tutti i costi la lotteria dei rigori.

Gli organizzatori della Coppa dei Caraibi, però, andarono oltre, e decisero che nell'edizione del 1994 nessuna partita sarebbe dovuta finire in pareggio: non solo quelle della fase finale, ma anche quelle dei gironi. Nel caso in cui, ai tempi regolamentari, l'incontro si fosse trovato in parità, il gioco sarebbe dovuto continuare fino al golden gol, il quale ai fini statistici e di risultato *valeva doppio*. Per cui, se una partita fosse finita 2-2, il golden gol avrebbe portato il risultato finale non sul 3-2, ma sul 4-2. Stessa cosa se la vittoria fosse arrivata ai rigori.

Probabilmente, il lettore più scafato adesso inizia a intuire il perché del comportamento dei calciatori caraibici.

Il gruppo A era a tre squadre: Porto Rico, Grenada e Barbados. Nella prima partita, Porto Rico aveva sconfitto Barbados 1-0, mentre nella seconda si erano affrontate Porto Rico e Grenada, che aveva vinto 2-0. Il girone, quindi, all'ultima partita vedeva la seguente situazione: Grenada 3 punti e differenza reti di +2, Porto Rico 3 punti e differenza reti di -1, Barbados zero punti e differenza reti di -1. Barbados per passare doveva vincere con Grenada con due o più gol di scarto: vincendo e basta si sarebbero trovate a pari punti, ma la differenza reti avrebbe fatto passare Grenada.

Fino all'83° andava tutto bene, visto che Barbados conduceva 2-0: ma il gol di Grenada che accorciava le distanze sul 2-1 costrinse i barbadiani a cercare il gol della qualificazione.

Fu a tre minuti dalla fine, mentre il tempo era agli sgoccioli, che Sealy e Stoute ebbero l'idea geniale: se fossero andati sul pareggio, la partita sarebbe dovuta continuare fino al golden gol. Golden gol che a norma di regolamento, ripetiamolo, valeva doppio. La vittoria a quel punto sarebbe stata per 4-2, e il girone quindi avrebbe visto qualificarsi Barbados, con buona pace di Grenada e Porto Rico.

Sul 2-2, i barbadiani potevano quindi contare su ulteriori 30 minuti più gli eventuali rigori per segnare il gol della qualificazione: da quasi nulle, le probabilità di passare si riportavano al 50%.

I grenadini non la presero bene: a tre minuti dalla fine, col cervello ben irrorato dal sempre efficace miscuglio di ossigeno e rabbia, iniziarono a pensare rapidamente, e si resero conto che per evitare i supplementari l'unica speranza era quella di fare un gol. Un gol in una porta qualsiasi. Infatti, vincendo 2-3, avrebbero vinto definitivamente, e festa finita; ma perdendo 3-2 avrebbero perso con un solo gol di scarto e la qualificazione sarebbe arrivata lo stesso.

Mi sono sempre chiesto per quale motivo i grenadini non spinsero la loro audacia fino a far conquistare il pallone, nella loro area, al loro portiere con le mani, per tentare di mandarlo in meta nella propria porta stile rugby. Sarebbe stato un gol pienamente regolare, e avrebbe portato a una meritata qualificazione.

Purtroppo per loro, non fu così. Si andò ai supplementari, dove Trevor Thorne di Barbados segnò nella porta opportuna il golden gol del 4-2, mettendo così fine a quella che, probabilmente, è stata la partita più grottesca della storia del calcio.

La morale di questa breve e paradossale storia è presto detta: possiamo conoscere tutti i dati che vogliamo, ma se non conosciamo il meccanismo o il processo che li ha generati, tali dati risulteranno ugualmente incomprensibili.

Un allenatore di cui non facciamo il nome – possiamo solo dire che ha allenato una squadra di Milano con la maglia a strisce – un giorno ci fece notare una incoerenza nel nostro modo di ragionare. «Secondo voi» chiese «se due attaccanti sono rintanati vicino al calcio d'angolo della squadra avversaria e si passano la palla restando fermi, come devo valutare questa iniziativa? Devo arrabbiarmi o devo premiarli?».

«Non ci sembra un'azione molto produttiva» dicemmo noi.

«Dipende» ci venne risposto. «Se sono sullo zero a zero e voglio vincerla, è un'iniziativa stupida. Ma se sono sopra di un gol, e siamo in pieno recupero, è esattamente quello che voglio che due attaccanti facciano: perdere tempo vicino all'incrocio delle due linee di fondo, in modo che un qualsiasi intervento dei difensori si traduca in un fallo – facendo perdere altro tempo prezioso agli avversari –, in una deviazione in calcio d'angolo o in fallo laterale.»

Quello che i giocatori devono fare dipende dal contesto. La stessa identica giocata può essere una scelta ideale oppure idiota, a seconda del punteggio su cui ti trovi.

Prendendo invece il dato di per sé, il contesto e l'intenzione spesso non vengono rilevati. E la nostra analisi diventa assolutamente priva di senso.

Sepolti da una valanga di dati

Ultimamente, sulle partite e sui giocatori di calcio vengono forniti una valanga di dati. Al di là delle statistiche più semplici – numero di gol fatti, minuti di imbattibilità ecc. – sono diventati abituali informazioni come i km percorsi da ogni giocatore, il numero di tocchi di palla, la percentuale di passaggi riusciti, e così via. In pratica, è aumentata vertiginosamente la quantità di informazioni di cui disponiamo per analizzare una partita.

Questo però, se vogliamo giudicare la prestazione di una squadra, non è necessariamente un bene. Più dati, o dati sempre più raffinati, non solo potrebbero essere inutili alla nostra causa, ma addirittura fuorvianti, se li analizziamo senza uno schema, senza un modello che ci aiuti a comprenderli e contestualizzarli.

Per spiegarci meglio, ci può venire in aiuto un esempio. Supponiamo di aver assaggiato un dolce strepitosamente buono – mettiamo, una torta Sacher – e di voler capire come è stato realizzato. Chiediamo informazioni, e ci vengono forniti dei dati: contiene zucchero, latte, cioccolato, burro, farina, uova, marmellata, lievito. Chiaramente, questo non basta, e chiediamo informazioni più precise. Ci viene detto quindi: 80 grammi di zucchero, 40 di panna fresca, 150 di burro, 250 di cioccolato, 90 di farina, e così via.

Ancora non basta, e chiediamo ulteriori informazioni.

A questo punto ci viene detto: 80 grammi di zucchero di canna Demerara, 40 di panna ottenuta dal latte d'alpeggio dolomitico, 250 di cioccolato monorigine Madagascar, 150 di burro di malga ottenuto da vacche Burline…

Be', è chiaro che non sono queste le informazioni che ci servono. Delle uova dobbiamo usare il tuorlo, il chiaro o entrambi? E il chiaro, per caso, lo dobbiamo montare a neve? Il latte va scaldato? In forno, a che temperatura va messa la torta?

In pratica, se abbiamo gli ingredienti ma non abbiamo la ricetta, non andiamo da nessuna parte. La ricetta, la procedura da seguire per preparare il dolce, è necessaria per capire come farlo, sia per riprodurlo sia, eventualmente, per migliorarlo.

Ecco, l'analisi dei dati nel calcio è la stessa cosa. Possiamo avere tutti i dati che ci pare, ma se ignoriamo in che modo l'allenatore ha assemblato la propria squadra, quali istruzioni ha dato a ogni giocatore e a ogni reparto, avere più dati non è affatto di aiuto, anzi.

Di rado insieme ai dati ci viene fornito un manuale di istruzioni della squadra, completo di intenzioni e raccomandazioni dell'allenatore.

Possiamo dire, proseguendo con l'analogia culinaria, che quando guardiamo e analizziamo una partita di calcio con gli occhi dell'allenatore è come se assaggiassimo un piatto nuovo e – invece di gustarcelo – cercassimo di capire con quali ingredienti è stato fatto, come sono stati trattati e cucinati. Quando invece facciamo analisi dei dati siamo più nella situazione di un concorrente di MasterChef davanti alla Mistery box. Abbiamo una serie di ingredienti – alcuni noti, altri meno – e vogliamo cercare di capire qual è il modo migliore di combinarli per ottenere un buon piatto. Se siamo degli chef, o anche dei cuochi amatoriali, la cosa è fattibile. A patto che abbiamo cucinato e assaggiato tante cose prima, e che abbiamo esperienza e competenza.

Ma, in cucina, spesso l'esperienza batte la competenza: un chimico laureato, che sa tutto di molecole e delle loro reazioni, non sarà mai in grado di battere uno chef nel realizzare un piatto a partire da ingredienti sconosciuti, o quasi mai. Quello che però può fare, un chimico, è spiegare per quale motivo si verifica un dato fenomeno indesiderato (un impasto che, infornato, sarebbe dovuto risultare più croccante, un cambiamento di colore delle verdure dopo la cottura) e suggerire delle migliorie sulla base della sua competenza.

Il chimico sa cose che il cuoco non sa, e viceversa. Lavorando insieme possono ottenere risultati migliori che non da soli, specialmente se si intendono sul ruolo che ognuno ha, e ognuno dei due può imparare dall'altro. Dei chimici possono diventare dei grandissimi chef, e gli chef imparano spesso molta più chimica di quanta realmente gli servirebbe.

Lo chef, in pratica, immagina le possibili soluzioni, il chimico indica i motivi per cui potrebbero funzionare o meno. Il chimico, necessariamente, viene sempre dopo lo chef.

Tornando al nostro adorato pallone, possiamo dire che il calcio è un fenomeno complicato almeno quanto la cucina. Sono necessari esperienza e competenza, per assemblare e migliorare una squadra. Gli ingredienti spesso non sono quelli che un allenatore vorrebbe, anzi, ai mister capita spesso di guardare nello spogliatoio e di dover mettere in campo una squadra a partire solo dai giocatori disponibili in quel momento. Ma, soprattutto, alcuni ingredienti non sono costanti. Nello stesso ruolo l'allenatore può decidere tra più giocatori, con risultati completamente diversi: una patata può essere una patata viola di Campofiorito (ottima per il purè) o una patata rossa (meglio da friggere, il purè verrebbe colloso); senza contare, poi, che se le patate sono fresche o vecchiotte le cose cambiano.

Ma qui direi di fermarci, visto che l'analogia culinaria ci sta un po' sfuggendo di mano.

Riassumendo: i dati, da soli, non bastano.

Quello che possiamo fare, però, è cercare di capire come aggregare i dati per ottenere un risultato ottimale, quello che non solo ci permetta di capire come funzioni un determinato processo – e sarebbe già un gran risultato – ma anche di migliorarlo.

Per fare questo, occorre conoscere non solo i dati, ma cercare di ricavare dai dati stessi il meccanismo che li ha generati. Facendo sempre attenzione a non cadere nelle trappole: le nostre convinzioni possono portarci a trarre conclusioni arbitrarie anche utilizzando dati oggettivi.

Se avessimo dati di una sola partita, tipo Italia-Olanda degli Europei 2000, arriveremmo a proporre la beatificazione di Francesco Toldo, portiere degli azzurri in quella edizione: contro gli olandesi, parò qualsiasi cosa passata nei pressi della porta, rigori inclusi. Già solo allargando la finestra temporale, acquisendo dati di altri partite, scopriremmo come Toldo sia stato un grandissimo portiere ma, probabilmente, non il migliore della sua generazione. Il contesto temporale è in realtà una delle variabili che per prime vengono considerate: siamo tutti – cantautori degli anni settanta compresi – in grado di capire che non è da un particolare che si giudica un giocatore.

Quando però cominciamo a calcolare delle probabilità, la faccenda si complica. E noi, in omaggio a Francesco De Gregori, vogliamo partire dal particolare per eccellenza: la massima punizione, o penalty. Insomma, il calcio di rigore.

Un esempio scolastico (ma efficace)

> *Non sempre ho desiderato fare il calciatore.*
> *Da giovane avrei dato il mio braccio destro*
> *pur di diventare pianista.*
> Bobby Robson

Il momento più tranquillo

Il momento più tranquillo della carriera di Helmuth Duckadam è stato, probabilmente, la notte del 7 maggio 1986.

Era la finale di Coppa dei Campioni – non ancora Champions League – e Duckadam giocava nella Steaua Bucarest, una delle due squadre finaliste. L'altra era il Barcellona. Non certo l'imbattibile Barça dei vari Ronaldinho, Messi, Eto'o e compagnia, ma di sicuro i favoriti. Anche il fattore campo non aiutava: si giocava in Spagna, allo stadio Ramón Sánchez Pizjuán di Siviglia, di fronte a sessantamila tifosi catalani e poche centinaia di romeni.

Non fu una bella partita. I giocatori della Steaua la addormentarono, letteralmente, per novanta minuti, e proseguirono nel loro gioco anestetico per i rimanenti trenta dei supplementari, invischiando il Barça nella ragnatela dei suoi stessi passaggi e rischiando assai poco.

Fu così che si andò ai rigori, e Helmuth Duckadam si accomodò con assoluta tranquillità al suo posto. Cioè in porta, sotto la curva gremita di tifosi spagnoli. Duckadam, infatti, era il portiere della Steaua.

Perché siamo così sicuri che Duckadam fosse tranquillo?

Be', innanzitutto in un calcio di rigore il portiere, paradossalmente, è quello che ha il coltello dalla parte del manico. Sa benissimo che le sue probabilità sono ridotte al lumicino. Se prende gol, è assolutamente normale, ma se para diventa in un attimo l'eroe della giornata: Duckadam perciò aveva poco di cui preoccuparsi.

In secondo luogo, perché la prestazione dell'estremo difensore romeno rimarrà per sempre nella storia del calcio a dimostrarlo. Per la prima e unica volta nella storia del calcio internazionale, una partita finì ai rigori e una delle due squadre – il Barcellona, nella fattispecie – non riuscì a segnare nemmeno un gol. Nessuno dei giocatori sbagliò a tirare: semplicemente, Helmuth Duckadam parò quattro rigori di fila.

Il paradosso: Mr Simpson para un rigore

La prestazione di Duckadam è la migliore che conosciamo di un portiere di fronte ai temutissimi calci di rigore. Una prestazione che ha dell'incredibile, se diamo una rapida occhiata alle statistiche. In media, a livello internazionale un rigore viene realizzato il 78% delle volte. Il che significa che la probabilità di pararne quattro di fila – se uno è un portiere da Coppa dei Campioni – è poco più di una su mille.

Esistono però alcune prestazioni che possono essere ancora più sconcertanti di quella, pur ineguagliabile, del portiere della Steaua.

Cosa pensereste se vi dicessi che conosco due portieri, uno più bravo a parare i rigori se il rigorista è destro oppure se è sinistro, e un altro che invece è più bravo qualunque sia il piede del giocatore?

Sembrerebbe una affermazione priva di senso. Un rigorista o è destro o è sinistro. Come direbbe Aristotele, *"tertium non datur"*, non è ammessa una terza possibilità; o, come forse avrebbe detto Gianni Brera, "solo una volta ho visto tirare un rigore di testa, ed eravamo ubriachi entrambi".

Eppure, la cosa è possibile. Guardate questa tabella.

	Portiere A (Aristoteles)		Portiere B (Breras)	
	Parata	Gol	Parata	Gol
Rigorista mancino	1	19	3	37
Rigorista destro	12	28	8	12
Totale	13	47	11	49

Osserviamo i dati. Se il rigorista è mancino, il portiere Breras para 3 volte su 40 (il 7,5%) mentre il portiere Aristoteles ne intercetta 1 su 20 (il 5%). Se invece si presenta un destro, il buon Breras para 8 rigori su 20 (il 40%) mentre il serafico Aristoteles ne blocca 12 su 40 (il 30%). Quindi, tanto su un rigorista destro quanto su un rigorista mancino, il caro Breras, dall'accento vagamente lombardo e la pipa in bocca, è comunque il migliore.

Ma se facciamo la somma dei due campioni per ciascun portiere, accade una cosa curiosa. Entrambi sono stati messi alla prova con 60 rigori; Aristoteles ne ha parati 13 (il 22%), mentre Breras ne ha intercettati solo 11 (il 18%).

Se adesso volessimo rispondere alla domanda: «Quale

dei due è il miglior pararigori?», a quale dato dovremmo guardare? Al totale o ai due campioni distinti?

In base al criterio scelto vi suggeriamo due risposte possibili:

1) Il miglior portiere è Aristoteles, perché il campione che incontra è più rappresentativo del mondo reale, dove i calciatori destri sono più o meno il doppio dei calciatori mancini;

2) Il miglior portiere è Breras, perché ha incontrato più mancini del suo collega è quindi la sua peggior prestazione sul totale dei rigori è dovuta al fatto che si è trovato in una situazione più difficile (visto che in media, stando ai dati che abbiamo, sembra più difficile parare un rigore a un mancino che non a un destro).

Il paradosso è dato dal fatto che uno dei due portieri, Aristoteles, incontra più destri che mancini (40 destri e 20 mancini), mentre l'altro, Breras, incontra più mancini che destri (20 destri e 40 mancini), e parare un rigore è più difficile in generale a un mancino che non a un destro: basta guardare la tabella per sincerarsene.

Detto questo, qual è il portiere più forte? Quale prestazione dobbiamo guardare, quella globale o quella divisa per destri e mancini? Non è per niente facile, vero?

Il dilemma che abbiamo appena mostrato è noto, in matematica, come "paradosso di Simpson": un aggregato di dati mostra un comportamento se i dati sono guardati nel loro insieme, ma il comportamento opposto se gli stessi dati sono stati suddivisi in categorie distinte. Come è possibile tutto questo?

Il motivo è che i dati statistici provenienti dal mondo

reale non dipendono solo dalla variabile che stiamo prendendo in considerazione. In questo caso, però, le parole possono tutt'al più spiegare, ma non convincere. Per vedere davvero come si origina questo curioso fenomeno, proviamo a guardare questo grafico.

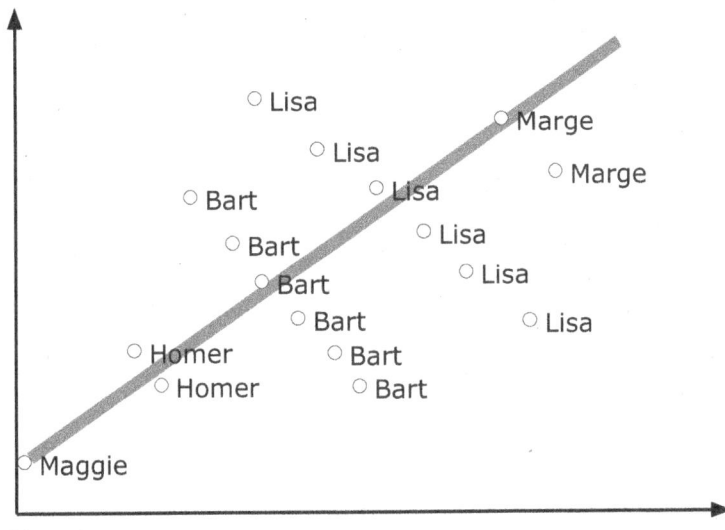

Figura 1

Nel grafico qui sopra (figura 1), immaginiamo di mettere in ascissa (l'asse orizzontale) il numero di ore che ciascun componente della famiglia Simpson dedica ai lavori domestici, e in ordinata (l'asse verticale) la quantità di energie che rimane a fine giornata a ognuno di loro. Chiaramente, ogni persona dedica ai lavori domestici un tempo variabile: Maggie – essendo una neonata – ne è esentata, Homer – essendo un padre snaturato e cialtrone – ne svolge pochissimi, mentre Lisa e Marge – essendo persone responsabili – se ne sobbarcano un mucchio. Ogni membro della famiglia, però, si sente tanto più stanco quanto più lavoro fa. E infatti le energie diminuiscono con l'aumentare delle ore di fatiche domestiche.

Se ora, però, proviamo a guardare alla famiglia Simpson come a un ente unico, osserviamo un andamento completamente diverso. Se cerchiamo infatti di interpolare – cioè di intercettare con una retta tutti i dati, infilzandoli come se fossero i componenti di uno spiedino – l'andamento delle energie della più famosa famiglia di Springfield in funzione delle ore di lavori domestici, troviamo una risposta sorprendente: più i suoi membri lavorano, più energie hanno.

Entrambe le spiegazioni, a pensarci bene, potrebbero essere plausibili. Da un lato, più lavori più ti stanchi; dall'altro, più lavori più sei allenato, e quindi i benefici dell'allenamento sovrastano quelli della fatica quotidiana.

A ogni modo, non abbiamo ancora risposto alla domanda sui nostri due portieri. Come faccio a decidere quale risposta è quella giusta, se apparentemente sembrano plausibili entrambe?

Valutare causa e conseguenze

In che modo si possono giudicare le prestazioni di un portiere, a partire da dati che sembrano dirci due cose differenti?

L'unico modo per risolvere la questione è chiedersi, tra le variabili – gli attori di cui conosciamo i dati: ovvero il *portiere*, il *tiratore* e *l'esito* – quale sia la *causa* e quale sia la *conseguenza*.

In questo caso, quello dei calci di rigore, siamo abbastanza fortunati. Ci sono due dati di fatto che ci aiutano a distinguere causa e conseguenza:

1) Il calciatore tira prima che il portiere si muova – o almeno, così dovrebbe essere da regolamento.

2) Il portiere si tuffa sulla base delle caratteristiche tecniche del calciatore, e non il contrario. Quando si tira un rigore, infatti, di solito si colpisce la palla di interno piede e si tende a mirare dalla parte del piede di appoggio – a "stringere", in gergo. Circa il 70% dei rigori viene tirato dal lato della gamba di appoggio, il 25% viene "allargato" – ovvero tirato dal lato opposto a quello della gamba di appoggio – e un 5% viene tirato centrale. È il movimento più naturale, e questo i portieri lo sanno bene: ovvio allora che tendano a tuffarsi prevalentemente alla propria destra se il giocatore è destro, e alla propria sinistra se è il giocatore è mancino. Alcuni esasperano questa tendenza all'eccesso, come faceva l'olandese Edwin Van der Sar – anche se Van der Sar consiglierebbe di rimanere fermi quando a calciare i rigori è Totti, ma questo è dovuto a un suo trauma di una ventina d'anni fa.

Ragionevolmente, allora, possiamo esprimere il nostro processo di cause ed effetti in questo modo:

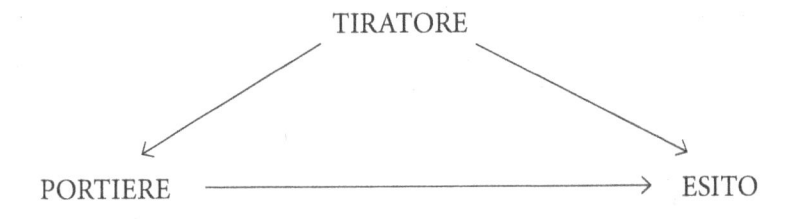

```
              TIRATORE
             ╱        ╲
            ╱          ╲
           ↙            ↘
  PORTIERE ───────────→ ESITO
```

Lo schema che abbiamo tracciato ci permette di esprimere l'*esito* in termini di *portiere* e *tiratore*, mentre il comportamento del *portiere* è in funzione solo del *tiratore* e il *tiratore*, nel nostro modello, non dipende da nulla.

Se siamo convinti della bontà di questo schema, allora è necessario "pesare" la prestazione del *portiere* in funzione della *causa*, ovvero del comportamento del *tiratore*. In altre parole, se vogliamo rispondere alla nostra domanda iniziale dobbiamo chiederci cosa sarebbe successo se i due portieri si fossero trovati di fronte lo stesso gruppo di tiratori. E tenendo conto, tra le altre cose, che la composizione del gruppo di tiratori è un dato importante: mettere 20 destri e 40 mancini non darà lo stesso *esito* che mettere 20 mancini e 40 destri.

Tutti noi infatti siamo asimmetrici, facciamo le cose meglio con un lato del corpo che non con l'altro. E abbiamo visto che i calciatori tirano di preferenza sul lato del piede di appoggio; quindi, se uno dei due portieri affronterà calciatori destri, vedrà più tiri alla sua destra – viceversa se il calciatore è sinistro. Se, per esempio, uno dei portieri fosse più bravo a buttarsi verso sinistra, ne conseguirebbe che sarebbero i tiri a destra a metterlo più in difficoltà. Quindi, avere nel gruppo di tiratori tanti destri sarebbe un vantaggio per uno dei due portieri, perché questo gli permetterebbe di esibirsi con maggior frequenza nel tuffo sul tuo lato preferito.

Per rispondere alla nostra domanda, quindi, facciamo finta di sapere che entrambi i portieri abbiano lo stesso lato preferito di tuffo.

Uno dei vantaggi del cosiddetto "calcolo causale" è che possiamo fare esperimenti ipotetici, ovvero prendere dei dati statistici raccolti dalla semplice osservazione e farci degli esperimenti sopra, chiedendosi di volta in volta "che cosa accadrebbe se".

In pratica, il calcolo causale permette di immaginare situazioni sulle quali altrimenti non potremmo fare esperimenti.

È un vantaggio non da poco, perché le situazioni non accessibili sperimentalmente non sono poche. Magari perché bisognerebbe tornare indietro nel tempo, per cambiare una singola variabile che secondo noi è stata la causa scatenante di un certo fenomeno – tipo, immaginare un mondo senza motori a scoppio per vedere se questo comporterebbe un miglioramento dell'aria respirabile. Oppure, nel caso di una ricerca medica, costringere le persone a iniziare a fumare per vedere se il fumo fa male. Oppure inondare il pianeta di CO_2 per vedere cosa succede all'ambiente nel lungo periodo.

Fare esperimenti coi dati è sicuramente più conveniente, da tanti punti di vista. Magari il risultato sarà meno preciso, l'ipotesi forse più fragile, ma ci sarà un maggior numero di viventi in grado di discuterla – e, eventualmente, confutarla.

Con il nostro modello causale, possiamo chiederci "cosa accadrebbe se"; è un modo per fare ai dati "domande al congiuntivo", o per meglio dire al condizionale, mettendo i dati di fronte a una situazione puramente ipotetica.

La domanda esplicita che possiamo fare attenendoci al nostro modello è quindi: «Se il portiere B (Breras) si fosse trovato di fronte 40 destri e 20 mancini, ovvero avesse affrontato la stessa situazione di Aristoteles, quale sarebbe stata la sua prestazione?». E il calcolo, una volta eseguito, ci dice che ne avrebbe parati 17 (il 40% ai destri e il 7,5% ai mancini; su 40 destri e 20 mancini fa 16 + 1,5).

La soluzione quindi è B. Il portiere più forte è Breras.

Di passaggio, facciamo notare una cosa: per risolvere il paradosso, siamo dovuti andare *oltre* i dati. Abbiamo dovuto costruire un modello, simulare nella nostra testa un meccanismo plausibile per il funzionamento del fenomeno che studiamo. Come dicevamo nell'introduzione, i dati da soli ci avrebbero indicato, in maniera del tutto plausibile, due risposte diverse. Il che significa che la nostra risposta è valida *solo se il modello che consideriamo è valido*. Se la freccia del nostro modello causale puntasse da *portiere* a *tiratore*, la validità del nostro ragionamento crollerebbe.

Ma in che modo il *portiere* può avere effetto sul *tiratore*? Questo, nel dettaglio, non lo sappiamo. Magari uno dei due portieri è solito minacciare gli attaccanti prima che tirino – o forse lo fanno tutti e due, ma uno è credibile e l'altro un po' meno. Oppure tenta di provocarlo come ha fatto Unai Simón, l'estremo difensore spagnolo, con i tiratori italiani agli ultimi Europei: un balletto discutibile prima di ogni rigore. Oppure gli attaccanti, siccome hanno studiato a fondo entrambi i portieri, ne conoscono le abitudini e tirano in modo diverso a seconda che abbiano di fronte Aristoteles o Breras – la cosa può capitare, se uno ha di fronte un portiere famoso e fortissimo.

Se però fosse vera questa seconda ipotesi, la soluzione sarebbe diametralmente opposta. Il calcolo causale confermerebbe che la risposta giusta è quella ottenuta calcolando la media globale. E che, di conseguenza, anche se messo di fronte a un campione di 20 mancini e 40 destri, la prestazione di Breras sarebbe rimasta invariata.

Oppure, magari – ed è un'eventualità da considerare seriamente – sono vere entrambe le cose. C'è una freccia causale da *tiratore* a *portiere*, e una da *portiere* a *tiratore*. I due si influenzano vicendevolmente. In questo caso, cosa facciamo?

Ahinoi, in questo caso non ci possiamo fare niente. Ci sono casi – pochi, sfortunati e maledetti – in cui il calcolo causale non può esprimersi, e sono proprio quelli dove ci sono due variabili che sono l'una per l'altra sia causa che effetto. Se una delle due variabili è quella di cui ci interessa valutare le prestazioni – il *portiere*, in questo caso – allora siamo fregati. A volte, è la matematica stessa ad avvertirci che certi paradossi non possono essere superati.

Un po' come certi portieri quando sono in serata di grazia.

Una gloria amara

Quando la Steaua conquistò la coppa dalle grandi orecchie, Helmuth Duckadam aveva ventisette anni. La squadra romena avrebbe continuato a brillare nelle competizioni europee ancora per parecchio.

Due anni dopo, nel 1988, fu eliminata in semifinale dal Benfica, mentre nel 1989 arrivò nuovamente in finale, dove ebbe la sfortuna di trovare il Milan di Arrigo Sacchi, una squadra di alieni che nemmeno Duckadam avrebbe potuto fermare. Anche perché, quell'anno, l'"eroe di Siviglia" in porta mancava da un pezzo. A essere precisi, la finale di Coppa dei Campioni del 1986 fu la sua ultima partita.

Si sono raccontate tante storie sul misterioso ritiro di questo portiere transilvano di origini tedesche. C'è chi diceva che un segreto benefattore tifoso del Real Madrid gli avesse regalato una Mercedes per ringraziarlo della sua impresa, e che nella Romania comunista di Ceaușescu quel vistoso omaggio gli avesse procurato le attenzioni della Securitate, la polizia segreta di Stato. Alcuni favoleggiano addirittura che Valentin Ceaușescu, il figlio adottivo del sanguinario dittatore romeno, gli avesse chiesto in dono la macchina, e che al netto rifiuto di Duckadam abbia ordinato di fargli spezzare le mani.

La verità è più banale e per certi versi anche più triste. Una trombosi al braccio destro, all'arteria succlavia, che secondo una leggenda urbana si rivelò al portiere proprio la sera della vittoria di coppa, quando sollevando il trofeo provò un dolore improvviso e inspiegabile. Quello che è certo è che Duckadam dovette operarsi, e a un certo punto sembrò anche che dovessero amputargli il braccio, ma per fortuna i medici riuscirono a salvarglielo. A quel punto, però, la sua carriera era finita.

Duckadam, negli ultimi anni, ha ricoperto la carica di presidente della Steaua, ma il suo talento fra i pali si è arrestato a quel 7 maggio di trentacinque anni fa.

Questa breve e provocatoria digressione a tema "portieri & rigori" ci ha aiutato a confermare quanto detto sulla partita Barbados-Grenada. È il punto focale della questione, ed è bene ripeterlo.

I dati, da soli, non bastano.

Per interpretarli correttamente è necessario raccontare la storia dietro a questi dati – ovvero la catena di cause e conseguenze, il meccanismo che li ha generati. Se non siamo capaci di riconoscerne il meccanismo sottostante, rischiamo di trarre conclusioni che sono opposte a quelle reali.

Qualcuno però potrà obiettare che i calci di rigore sono un contesto estremo e poco rappresentativo del calcio reale, quello giocato per novanta minuti su un campo frequentato da una ventina di persone in più di quelle che abbiamo visto finora. E qualcuno potrebbe aggiungere che, così come un giocatore non si giudica da come tira i calci di rigore, nemmeno un portiere si può giudicare solo da come li para.

Siamo d'accordo. Per questo, nei prossimi capitoli proveremo a osservare portieri e attaccanti nel loro habitat naturale – il campionato. E vedremo ancora più nel dettaglio come prendere i dati in maniera acefala possa portarci a conclusioni sbagliate.

Sull'attenti, soldato Zoff!

*Non importa quanto si aspetta,
ma chi si aspetta.*

Tony Curtis a Marilyn Monroe
in *A qualcuno piace caldo*

Il signor Zoff riceve una telefonata

Nel 1967 Dino Zoff era giovane e giocava nel Napoli.

Lo sappiamo, sembra incredibile che Zoff sia stato giovane. Ma possiamo assicurare al lettore che abbiamo numerose prove documentali da esibire, quindi ne siamo certi.

Ma negli anni sessanta c'erano anche altre certezze in casa Zoff. La prima era che si giocava ogni domenica intorno alle tre di pomeriggio, e non un giorno e un'ora imprecisati tra il venerdì e il lunedì. La seconda era che, il giorno dopo la partita, il giovane Dino avrebbe ricevuto una telefonata dal padre. Tutti i lunedì, infatti, il signor Mario da Mariano del Friuli telefonava al figlio e commentava la sua performance dal primo all'ultimo minuto.

Normali preoccupazioni di padre. Erano passati, in fondo, solo sei anni dall'esordio del "piccolo" Dino in Serie A. Che era stato memorabile, in un certo senso. Zoff nella sua prima partita tra i pali dell'Udinese aveva giocato titolare, e aveva preso cinque gol. Con un debutto del genere non si può fare altro che migliorare, e Zoff – da persona seria quale è sempre stato – prese le statistiche alla lettera, migliorando di partita in partita: alla fine degli anni sessanta era in lizza per diventare il miglior portiere (lo sarebbe rimasto per oltre un decennio). Ma il padre aveva ancora bisogno di essere pungolato.

E infatti un giorno del 1967, dopo una partita pareggiata 1-1, Dino ricevette la solita chiamata dal padre.

«Come hai fatto a prendere quel gol lì? Un tiro da fuori area?» gli chiese.

Zoff junior, sincero, disse: «È che... non me lo aspettavo».

E Zoff senior, alterato, rispose: «Non ti aspettavi che tirasse? E che lavoro fai, il farmacista?».

Mario Zoff forse non lo sapeva, ma stava già applicando un modello di *expected goal*. Un tiro da fuori area ha probabilità molto basse di entrare in porta: un gol da quella distanza è un evento inatteso, e per questo Mario poteva a ragione rimbrottare il povero Dino. Lo stesso dicasi per i calci di rigore, dove le parti, però, sono invertite: l'evento atteso è il gol, ed è chi lo sbaglia a prendersi il rimprovero di allenatore e tifosi.

xG, ovvero cosa si aspettano tutti

Gli spettatori occasionali di partite di calcio si sono ritrovati, all'improvviso, una nuova misura nei tabellini post partita: *xG*. Una scritta che sembra una faccina da chat e invece è l'acronimo di *expected goals*. L'indice è nato in Inghilterra, patria di tutti gli sport e di tutte le scommesse sui medesimi, e misura il "peso" di un'occasione da gol in base alla probabilità, per quella occasione, di infilarsi nella rete e fare esplodere la curva in un boato.

Ma cos'è un *expected goal*?

In inglese, il verbo *to expect* si usa per esprimere un'aspettativa, mentre il *goal*, possiamo dirlo senza timore di sbagliare, rappresenta l'apice delle aspettative di uno spettatore di calcio.

Quando iniziamo a guardare una partita, infatti, siamo un po' tutti degli Ugo Fantozzi con calze, mutande e vestaglione di flanella, tavolinetto di fronte, frittatona di cipolle, familiare di birra gelata, tifo indiavolato, rutto libero e – manco a dirlo – telefono rigorosamente staccato: partiamo sempre con l'aspettativa di vedere azioni mirabolanti e gol spettacolari. Con lo scorrere dei minuti, e specialmente se gioca il Torino, di solito emerge un po' di noia, ma andiamo comunque avanti per vedere chi riuscirà a segnare. Via via che ci si avvicina a un'occasione da gol, però, l'aspettativa raggiunge il culmine. Quando si è allo stadio a vedere la partita si può sentire quasi la massa dei tifosi seguire l'azione e vibrare, nella speranza di esultare di lì a breve. Nella maggior parte dei casi, però, la tensione della curva (o di noi Fantozzi seduti sul divano) si infrange in un «Uuuuuh» – che tradotto dallo stadiese significa: «C'è mancato davvero poco, che peccato!».

Ecco, quel *davvero poco* è l'expected goal.

E come si misura l'xG?

Be', in questo caso l'indice non viene calcolato in base ai decibel emessi dai tifosi – anche se sarebbe un esperimento curioso da fare – ma a partire dalle caratteristiche dell'occasione da gol. In pratica, per ogni occasione da gol si cerca di ricostruirne il contesto usando una serie di parametri: la distanza dalla porta, l'angolo, il tipo di tiro (testa, piede, altre parti del corpo, se il tiratore è Pippo Inzaghi), la velocittà dell'azione, gli eventuali dribbling che precedono il tiro in porta e altri ancora.

E una volta "tradotto" il contesto sottoforma di dati, che cosa si fa?

Si danno tutti i dati in pasto a un computer, e ci pensa lui.

La tecnica usata in questi casi – una delle due tecniche principali su cui si basa l'apprendimento automatico dell'intelligenza artificiale – si chiama *supervised learning*, ovvero "apprendimento sotto supervisione".

In parole povere, vengono presentati al computer una serie di dati: per esempio, foto in bianco e nero in cui è presente un cane e foto in cui ci sono un gatto e un orso.

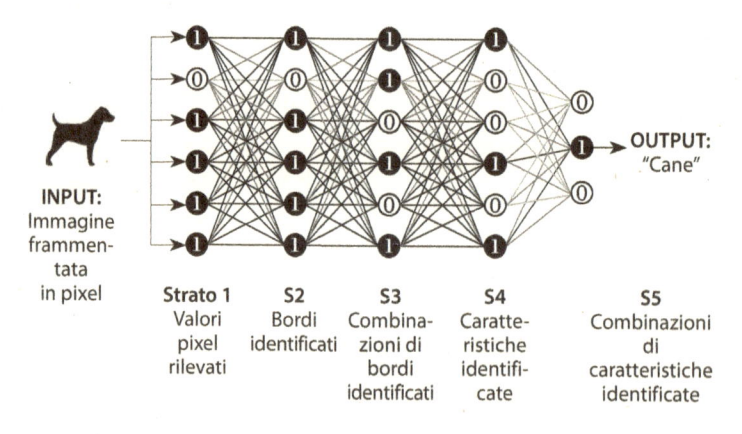

INPUT: Immagine frammentata in pixel

OUTPUT: "Cane"

Strato 1 — Valori pixel rilevati
S2 — Bordi identificati
S3 — Combinazioni di bordi identificati
S4 — Caratteristiche identificate
S5 — Combinazioni di caratteristiche identificate

Figura 2. *Le reti di intelligenza artificiale che si basano sull'apprendimento profondo funzionano modulando la "forza" delle varie connessioni, in modo da trasmettere meglio il segnale attraverso strati multipli di "neuroni" artificiali e farli arrivare al concetto corretto in uscita – in questo caso, "cane".*

In condizioni standard, per il computer le foto non sono altro che una serie di pixel bianchi o neri. Così l'intelligenza umana gli dà un aiuto, sottoforma di categorizzazione: in pratica gli assegna un premio quando indovina. Ogni volta che ci azzecca, la configurazione di "neuroni" artificiali che ha ottenuto quel risultato viene lievemente rinforzata, e ogni volta che sbaglia, invece, si tenta di cambiare qualcosa – si stacca un collegamento a caso e lo si attacca in un altro posto. Alla fine della fiera, il computer riuscirà con una buona attendibilità a identificare le foto in cui è presente un cane (figura 2).

Possiamo fare lo stesso con le azioni dei calciatori che portano a un tiro in porta. L'informazione in questo caso sarà "gol" oppure "non gol", così che l'intelligenza artificiale associata formi una sua rete neurale in grado di distinguere, per l'appunto, fra il gol e il non gol. Quello che il calcolo fornisce, al termine di questo procedimento, è una probabilità: la probabilità che quella azione finisca in un gol.

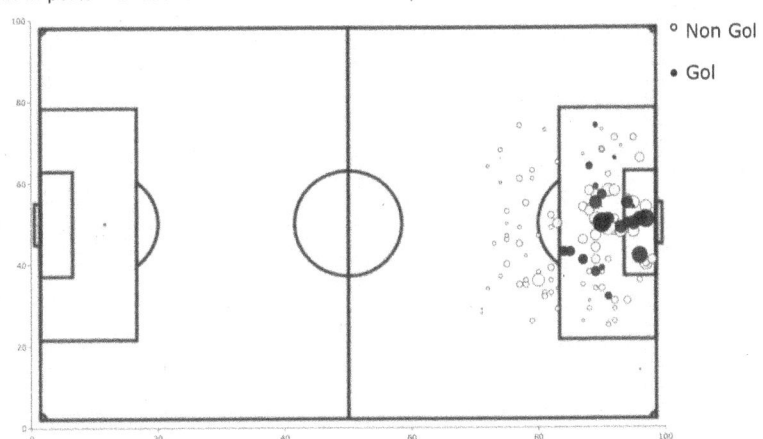

Tiri in porta - Cristiano Ronaldo - Serie A 2020/2021

○ Non Gol
● Gol

Figura 3. *xG dei tiri di Cristiano Ronaldo alla Juventus, nel corso della stagione 2020/2021. La grandezza del cerchio è proporzionale a xG. I cerchi neri rappresentano tiri andati effettivamente in rete.*

Guardando la figura 3, si può notare come la distanza dalla porta sia solo uno dei fattori – alcuni tiri da dentro l'area piccola hanno xG minore di altri effettuati da fuori. Un colpo di testa su cross in area piccola, magari tra due marcatori, sarà meno facile di un tiro di piede in mezzo all'area, a palla ferma e indisturbato. Non solo la posizione, quindi, ma anche il modo in cui colpisco la palla e come questa mi arriva hanno la loro importanza.

Ogni *data scientist* – ci scusiamo ancora per la brutta parola – può creare il modello di expected goal che più lo soddisfa, ma il risultato finale sarà sempre una funzione che associa un valore tra 0 e 1 a ogni tiro in porta. Un valore 0 significa "nemmeno Maradona", mentre un valore molto vicino a 1 significa che basta sfiorare il pallone per insaccarlo in rete.

Per un esempio, i calci di rigore hanno expected goal (xG) = 0,78. È una probabilità molto alta, ed è il motivo per cui tutti nel calcio sperano di ottenere un tiro dal dischetto.

Il lettore con molte partite di calcio alle spalle, però, si sarà già accorto di uno dei limiti di questo modello. Ma andiamo con ordine.

Tutti i rigori sono uguali, ma alcuni rigoristi sono più uguali di altri

I gol sono l'evento più raro in una partita di calcio. Il secondo evento più raro sono le occasioni da gol. In novanta minuti di gioco, si osservano in media un migliaio di passaggi, una quindicina di tiri e appena 1,8 gol.

1000, 15, 1,8. Tre ordini di grandezza diversi. Questa disparità ci fa sospettare che il calcolo esatto della probabilità di fare gol non sia semplice neanche per un computer, nonostante possa analizzare in poco tempo decine di migliaia di tiri in porta.

Per calcolare la probabilità, l'algoritmo che calcola l'expected goal cerca di valutare le caratteristiche di ogni tiro in porta in modo da minimizzare gli errori nel rispondere alla domanda: «Questo tiro in porta sarà un gol?».

Le risposte possibili sono solo due, sì o no. E qui cominciano i dolori.

Esiste un giocatore che non ha mai sbagliato un rigore?

Cristiano Ronaldo, potrebbe dire qualcuno. Risposta sbagliata. Il portoghese ha realizzato più dell'80% dei calci di rigore che ha tirato. Percentuale buona, ma non eccelsa.

Diego Armando Maradona? Negativo, anche se la sua percentuale è di tutto rispetto. Il pibe de oro ha siglato 93 rigori su 107 tentativi, per una percentuale che sfiora l'87%.

Marco Van Basten? Di sicuro il Cigno di Utrecht è andato ben oltre i primi due. Grazie al suo famoso "saltello", e grazie al fatto di essere Van Basten, ha realizzato la massima punizione 51 volte su 54, quasi il 95% di successo. Però ancora non ci siamo.

Per salire a una percentuale maggiore dobbiamo scomodare un altro giocatore. A molti il nome di Matthew Le Tissier, centrocampista bandiera del Southampton, non dirà molto. Per Mark Crossley, portiere del Nottingham Forest, invece è una medaglia. Crossley infatti è l'unico portiere al mondo ad aver parato un rigore a Le Tissier, che in carriera ha fallito un solo tentativo su 49, mettendo inesorabilmente dentro gli altri 48. Dopotutto c'è un motivo se tra i tifosi del Southampton, soprannominati The Saints, "i Santi", Le Tissier è venerato come Le God – fermo restando che, come appena visto, in area di rigore le vie del Signore non sono poi così infinite.

Il miglior rigorista di sempre, dunque, è Le Tissier. E il peggiore? Qui non ci sono dati certi, perché i rigoristi scarsi di solito sul dischetto non ce li fanno andare, però qualche indizio lo abbiamo: Edin Džeko ha sbagliato 9 rigori su 20 (realizzandone quindi il 55%), Marek Hamšík 10 su 28 (65%), Antoine Griezmann 9 su 26 (65%).

Ci sono due aspetti importanti da considerare per estrarre un significato da questa statistica specifica. Il primo è che la precisione nei calci di rigore non rispecchia necessariamente la bravura del giocatore in termini assoluti. Il secondo è che, anche su un rigore, cioè una occasione assolutamente cristallina e semplice da identificare pure per una macchina, c'è una differenza enorme tra i possibili esiti della situazione. Figuriamoci in un'occasione su un cross dalla trequarti, in cui le variabili in gioco e le difficoltà nel determinare l'ordine degli eventi sono molte, molte di più.

La creazione di un modello di expected goal, come già accennato prima, avviene tramite tecniche di apprendimento automatico, conosciute ormai ovunque con il nome di *machine learning*. C'è di mezzo un computer, ma non dovrebbe essere una novità se consideriamo che tutta la popolazione mondiale ormai gira con in tasca almeno un computer, anche se mascherato da telefono. Un computer esegue algoritmi, e sappiamo tutti come funziona un algoritmo: gli forniamo dati in ingresso, lui elabora e restituisce dati in uscita. Gli algoritmi di apprendimento automatico restituiscono un dato particolare: un ulteriore algoritmo. Dunque, diamo in input al nostro algoritmo di machine learning i dati relativi a decine di migliaia di tiri in porta avvenuti in passato, e avremo in cambio un nuovo algoritmo in grado di assegnare una probabilità di realizzazione per ogni tiro in porta che analizzeremo da oggi in poi.

Sembrerebbe semplice, no? Dopotutto i tifosi milanisti, che dal dischetto erano abituati a vedere Van Basten, e quest'anno si sono ritrovati Zlatan Ibrahimović, la scorsa stagione avevano già intuito che qualcosa era cambiato senza bisogno di chissà quali software.

Ora, l'esistenza di due esiti diversi per lo stesso *identico* tipo di tiro in porta ("gol" o "non gol") mette in grande difficoltà un algoritmo di machine learning: il risultato è una stima di probabilità non troppo affidabile. Questo succede perché l'algoritmo determina le probabilità quantificando quanti tiri con caratteristiche molto simili si trasformano in gol. Il fatto è che il tiro in porta *sembra* identico, ovvero sono identici i dati con cui lo descriviamo. Un rigore tirato da Jorginho e a cui si oppone Jordan Pickford è sempre identico? Dipende. Se è in campionato, in Chelsea-Everton, sul 4-0 per il Chelsea è un conto, ma se è il rigore finale degli Europei la tensione in campo è ben diversa...

L'algoritmo non dispone di dati come "tensione" o "provocazione", e questo fa sì che consideri identiche delle situazioni che sono in realtà molto distanti.

Per questo le precisioni degli algoritmi più utilizzati dagli analisti si aggirano intorno al 60%: quando questi algoritmi assegnano a un tiro in porta una probabilità di gol maggiore del 50%, "indovinano" l'esito del tiro nel 60% dei casi. Non il massimo dell'efficienza, in effetti.

Una possibile soluzione sarebbe quella di includere le caratteristiche del tiratore nel contesto analizzato dall'algoritmo, ma qui entra ancora una volta in gioco la rarità degli eventi rilevanti nel calcio: avere per ogni giocatore una casistica sufficiente di tiri in porta è praticamente impossibile, a meno di non chiedere ai calciatori di giocare dieci partite al giorno. Una situazione alla quale pare che ci stiamo progressivamente avvicinando. Analisti e fantacalcisti ringraziano, i calciatori (forse) un po' meno.

Valutare il pericolo

Uno dei momenti più difficili della carriera sportiva di Dino Zoff è sicuramente la sconfitta rimediata ad Atene nella finale di Coppa dei Campioni dell'1983, quando la Juventus perse contro l'Amburgo grazie a un gol di Felix Magath – un tiro beffardo dalla lunga distanza, sbilenco e a scendere, sul quale Zoff non riuscì a intervenire.

Adesso, se vi chiedessi da quale distanza è partito il tiro di Magath, cosa mi rispondereste?

Nel ricordo di molti, il pallone è stato scagliato in rete da distanza siderale, più o meno da trequarti campo, forse più indietro. Ma se andiamo a vedere i filmati dell'epoca, ci rendiamo conto che la verità è ben diversa: il tiro incriminato partì da meno di un metro fuori dall'area. Non imparabile, forse, ma nemmeno la telefonata da Plutone che tutti sostengono di ricordare.

Era il 9' del primo tempo quando la Juventus andò sotto di un gol. C'erano ancora ottantuno minuti più il recupero per mettere le cose a posto.

Se quella fosse stata una partita di basket, non ci sarebbero stati problemi. Sarebbe bastato riprendere la palla e ripartire all'attacco. Ma il calcio non è il basket, per vari motivi. Il primo motivo è che non si può prendere la palla in area con le mani, sennò è rigore – De Ligt non giocava ancora nella Juve, pare non fosse ancora nato – e il secondo, ben più importante, è che il calcio non è un gioco "ergodico", cioè un gioco nel quale ogni possibile situazione si ripete un gran numero di volte. Insomma, un parolone per dire ancora una volta che nel calcio l'evento più importante, il gol, è anche l'evento più raro. Una condizione che ha delle non trascurabili conseguenze, la prima delle quali è che – l'abbiamo già detto ma ci piace ripeterlo – non sempre la squadra più forte vince.

E così fu. La Juventus che affrontò la finale di Atene era una squadra veramente forte. L'ossatura della formazione era quella dei campioni del mondo di Spagna 1982 – da Gentile a Tardelli, fino al compianto Paolo Rossi – a cui bisognava aggiungere una coppia di fuoriclasse stranieri, tali Michel Platini e Zbigniew Boniek; a dirigerli, infine, un mister a cui non serviva parlare in italiano, in francese o polacco, bastava il fischio: Giovanni Trapattoni.

Non c'erano dubbi su quale fosse delle due la squadra migliore. E difatti i bianconeri, nel corso del match, crearono tre clamorose occasioni – un colpo di testa di Bettega, un violento sinistro al volo di Cabrini e un pallonetto di Platini – e si videro negare un rigore piuttosto solare, quando il portiere Uli Stein in uscita tentò di provarsi i pantaloncini di Platini nonostante il francese li avesse ancora addosso – modo tortuoso per dire che lo brutalizzò in piena area di rigore. Insomma, dopo lo svantaggio, gli juventini andarono vicini al pareggio in diverse occasioni.

Crediamo sia chiaro dove vogliamo andare a parare. Questa storia (oltre a una ottima scusa per parlare del grande Dino Zoff) è qui per suggerirci qualcosa di più sulla natura degli expected goals.

Contando infatti soltanto gli xG, i bianconeri avrebbero dovuto vincere nettamente sulla carta: eppure ad alzare la coppa dei campioni furono, per la prima e unica volta nella loro storia, quelli che di tiri ne avevano fatti a malapena un paio.

In altri termini, surclassare l'avversario in termini di expected goals è quanto di più "vicino" ci sia alla vittoria. Ma, come si dice in questi casi – e come il tifo avversario spesso ama ricordare ai bianconeri – andarci vicino conta solo a bocce. Qualcuno potrebbe malignamente spingersi oltre e dire, per la proprietà transitiva, che gli expected goals contano solo a bocce. Noi, in quanto uomini di scienza, preferiamo mostrare, nel prossimo capitolo, i limiti di questo tipo di ragionamento.

Aspettando il goal

*Mi basta che arrivino i palloni in area,
poi so io cosa fare.*
Darko Pančev

Quando arrivò in Italia dalla Superliga serba nel settembre del 1992, Darko Pančev era detentore della Scarpa d'oro, con 34 reti segnate in stagione, e secondo classificato al Pallone d'oro, dietro solamente al francese Jean-Pierre Papin.

Le aspettative erano alte.

I migliori allenatori italiani fecero a gara a benedire il suo arrivo. Arrigo Sacchi, allenatore del Milan, lo disse chiaro e forte: «È veramente un giocatore straordinario». Osvaldo Bagnoli, suo collega dell'Inter, lo paragonò a Boninsegna sentenziando: «Dategli palla in area ed è gol».

Le aspettative erano altissime.

E infatti all'esordio in Coppa Italia contro la Reggiana il nostro Darko di gol ne segnò tre: uno di rapina, uno di testa e uno con un tiro potentissimo dai quattordici metri. Nonostante il passaggio del turno fosse ormai ipotecato, al ritorno non si risparmiò e fece altri due gol nei primi venticinque minuti.

Le aspettative erano alle stelle.

Poi, purtroppo, iniziò il campionato. E a finire alle stelle furono solo i non pochi palloni che capitavano sui piedi di Darko Pančev.

Sia i tifosi che i numeri furono impietosi.

Per quanto riguarda i primi, giova ricordare che Pančev era arrivato con il minaccioso soprannome di Kobra; pare inoltre che il nome Darko significasse "dono", "regalo". I tifosi nerazzurri gliene fecero uno, di regalo, e lo ribattezzarono il "Ramarro". Grazie al loro proverbiale senso della realtà, i nerazzurri si erano resi conto di aver comprato un rettile privo di piedi: quindi fecero in modo che almeno nell'epiteto ne avesse ben quattro.

Quanto alle cifre, ne bastano tre: dodici presenze in campionato, un gol, voto medio in *Gazzetta* 4,57. Non era ancora l'epoca del politicamente corretto, e una delle ultime prestazioni venne commentata così: «Assolutamente inutile. Forse dovrebbe giocare più spesso, ma se ogni volta gioca così…».

Una delusione terrificante. Causata, in parte, dalle aspettative.

Primo problema: la composizione delle probabilità

Mettiamo in chiaro una cosa: Darko Pančev, probabilmente, non era così scarso come pensiamo di ricordare. E nemmeno così forte come credeva l'allora presidente dell'Inter, Ernesto Pellegrini, che pur di averlo sborsò 14 miliardi delle vecchie lire.

Nel 2003, Pančev è stato eletto miglior giocatore macedone degli ultimi 50 anni, e prima di arrivare all'Inter, nella Stella Rossa, aveva segnato 84 gol su 97 partite giocate.

Da dove venivano, tutti questi gol?

Un indizio: quando giocava nella Stella Rossa veniva

rifornito tantissimo. Tanti palloni, e col contagiri. Testimone più che affidabile, in questo caso, è proprio quello che glieli passava. «Darko ha bisogno di essere assistito» disse. «Gli servono sei, otto palle in area a partita. Cinque o sei li sbaglia, ma due li butta dentro.» Parola di Dejan Savićević detto il Genio, quello che secondo la federazione macedone è stato un giocatore peggiore di Darko Pančev. Misteri della fede(rcalcio).

L'affermazione di Savićević è utile anche perché ci ricorda una cosa: per fare gol sono necessari due eventi in successione.

Primo, creare una occasione valida che permetta di tirare in porta; secondo, metterla dentro con un tiro. I due eventi sono assai indipendenti tra loro: una buona occasione può capitare per merito di un cross fatto dalla sinistra, ma l'esito del tiro sarà parecchio diverso se sulla palla c'è Zlatan Ibrahimović o Marco Malvaldi. A una buona occasione da gol non corrisponde automaticamente un gol.

La probabilità che due eventi indipendenti si verifichino, l'uno dopo l'altro, è data dal prodotto (o composizione) delle probabilità dei due eventi. Per cui, se una delle due probabilità è zero, anche la probabilità totale sarà zero. Nel calcio poi, come dicevano nel capitolo precedente, non abbiamo tutte le variabili che contano ai fini del calcolo delle probabilità, ragione per cui a volte vengono considerate come uguali delle situazioni che magari non lo sono. Non tutte le situazioni apparentemente uguali lo sono davvero. Abbiamo visto, prima, lo straordinario record di Matthew Le Tissier, quasi inesorabile su rigore. Lo era altrettanto su qualsiasi altro tipo di calcio piazzato, incluso il calcio d'angolo. Pur avendo doti balistiche incredibili, il numero di gol realizzati su azione dal giocatore inglese è però decisamente basso: solo 35 sui 103 totali quando giocava nel Southampton, tutti gli altri su rigore o su punizione.

Ci sono probabilmente due motivi per questo.

Il primo è che Le Tissier non era un attaccante ma un centrocampista offensivo – e quindi non era il giocatore deputato a gettarsi di testa nella mischia o a rincorrere il pallone in area. Il tipico gol su azione del nostro era diverso: prendo la palla parecchio fuori area, alzo lo sguardo e tiro una fiammata.

Il secondo è che, anche se a palla ferma Le Tissier era un tiratore eccezionale, probabilmente i suoi difetti venivano fuori quando era in movimento – e con altri giocatori a disturbare invece di stare lì bravini dietro la linea dell'area.

Sono due motivi, questi, che insieme abbassano la probabilità di segnare: arrivano meno palloni – xG più basso – e vengono gestiti peggio – e l'xG si abbassa ancora.

Anche perché, come stiamo per vedere, segnare su azione (cioè quando la palla non è ferma) non è per niente facile.

Secondo problema: perché gli attaccanti costano tanto e sono diversi

Come stimereste la vostra probabilità di essere sovrappeso? Dareste più importanza alle volte in cui andate a cena fuori – antipastino, pizza, magari un tiramisù, "chi la prende un'altra birra?" – oppure al resto della settimana, durante la quale fate una colazione normale, un pranzo frettoloso e dopocena altro che tiramisù, c'è da lavare i piatti alla svelta, che inizia la partita?

Ecco, nel calcio capita la stessa cosa. Gli eventi che contano di più sono quelli meno clamorosi, ma che si verificano più di frequente.

Nella figura seguente, riportato sull'asse orizzontale, troviamo il numero di tiri che vengono scoccati in funzione dell'xG. Molti tentativi vengono compiuti da situazioni a bassissima probabilità di riuscita, come un tiro da quaranta metri – non tutti sono Le Tissier – e pochi, invece, sono quelli che vengono effettuati in situazioni "facili", con un xG maggiore del 50%.

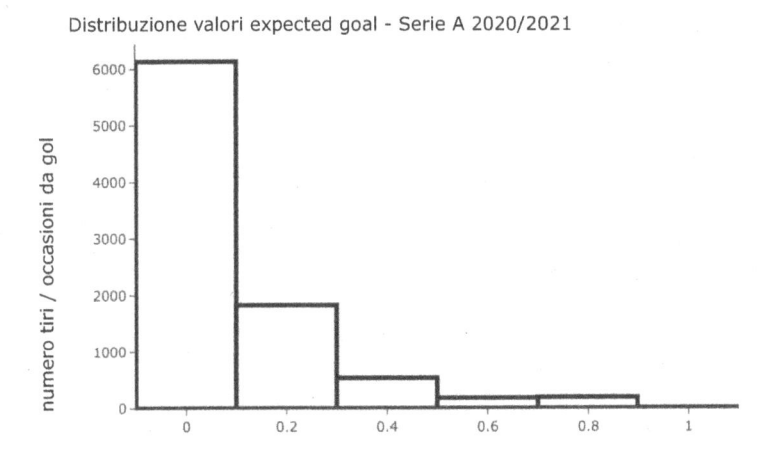

Figura 4. Distribuzione del valore expected goal per tutte le occasioni da gol della Serie A 2020/2021.

La cosa che forse il lettore troverà sorprendente è che la maggior parte dei gol vengono segnati da situazione sfavorevole: per esempio, come si vede dal diagramma successivo (figura 5), sui 924 gol siglati nella Serie A 2020/2021, quasi 450 sono stati messi a segno con un xG inferiore a 0,2. In poche parole, la maggior parte dei gol viene realizzata con una probabilità inferiore al 20%.

Questo accade perché sommare gli xG – cioè sommare la probabilità di realizzazione di ogni occasione da gol, ottenendo un valore per "gol attesi" non del singolo giocatore, ma della squadra – dà una importanza maggiore agli eventi rari – le occasionissime, quelle con una probabilità di segnare maggiore del 50% – mentre invece gli eventi davvero importanti ai fini della nostra indagine sono quelli frequenti ma più problematici da realizzare – in parole semplici: i gol difficili da segnare.

Distribuzione expected goals relativi ai goal segnati - Serie A 2020/2021

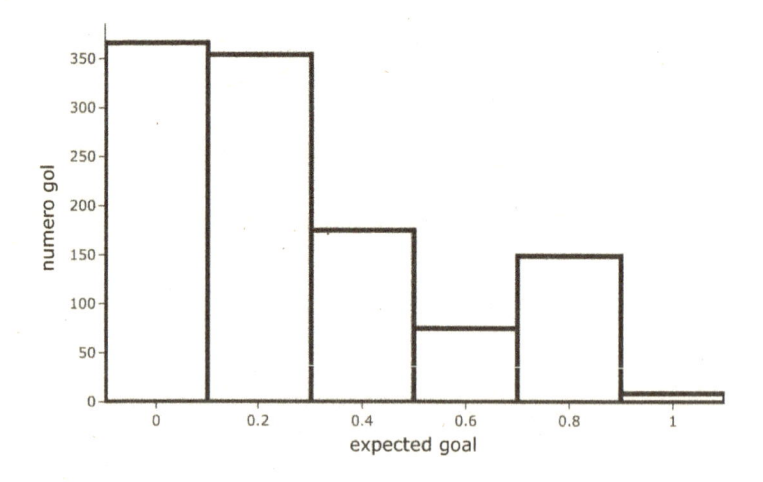

Figura 5. *Distribuzione del valore expected goal per tutti i gol della Serie A 2020/2021.*
Salta subito all'occhio la proporzione diversa rispetto alla figura precedente. Il rapporto tra il numero di gol con xG alto e il totale dei gol è molto superiore rispetto allo stesso rapporto calcolato sul numero totale delle occasioni da gol (includendo quindi anche quelle non trasformate in gol). La maggior parte dei gol viene però comunque realizzata da un valore di xG inferiore a 0,2.

L'expected goal, infatti, è calcolato senza tenere conto di un fattore fondamentale: chi tira.

La media tiene conto di tutti, dai Robert Lewandowski ai Tomás Rincón, ma nella realtà, poi, chi ogni volta si presenta al tiro è un giocatore ben preciso. E la cosa ha la sua importanza.

Un attaccante realizza in funzione di due variabili: quante occasioni ha e quanto frequentemente le traduce in gol. Un cecchino infallibile che tira una volta ogni dieci partite farà un gol ogni dieci partite, mentre uno scarsissimo che la infila in porta una volta su dieci, se riuscisse a tirare cento volte a partita farebbe di media un paio di gol per match.

C'è un'altra cosa da considerare. Anche se la quantità di occasioni non è merito solo dell'attaccante, di solito lo riteniamo il solo responsabile delle occasioni da gol una volta che gli è arrivata la palla. E qui vediamo le differenze tra attaccante e attaccante.

Possiamo cercare di stimare la bontà di un attaccante, in prima approssimazione, calcolando il suo xG medio (ovvero la probabilità che ha di fare gol senza tener conto della sua identità) e mettendolo a confronto con il numero di gol diviso il numero di tentativi, che ci dice la frequenza con cui fa gol (e qui di un'identità dobbiamo tenere conto, così scegliamo quella di Ciro Immobile, che entra effettivamente in gioco).

Immobile, in effetti, già dai numeri si dimostra un fuoriclasse anche per la Serie A. L'xG medio di Immobile è di 0,12, ma la sua frazione realizzativa è 0,16 – Ciro Immobile è un attaccante migliore della media. Potrebbe sembrare poco, ma non lo è. Quello 0,04 in più significa che Ciro Immobile dalla stessa situazione di pericolosità ha una probabilità di segnare che è del 33% maggiore della media, perché 0,04 è un terzo di 0,12: avere Ciro da Torre Annunziata in squadra vi dice che, dove un attaccante medio nella vostra squadra fa tre gol, Immobile ne farebbe quattro.

Simone Zaza, del Torino, ha invece un xG medio di 0,10 e una frazione realizzativa di 0,085 – Zaza è un attaccante inferiore alla media. Attenzione: inferiore alla media di un attaccante titolare di Serie A. Se questi signori giocano ai massimi livelli, un motivo c'è, e come vedete la differenza a livello statistico è minima.

Tra un fuoriclasse e un presunto brocco, c'è molta poca differenza...

Expected goal (xG) medio per gol da palla attiva

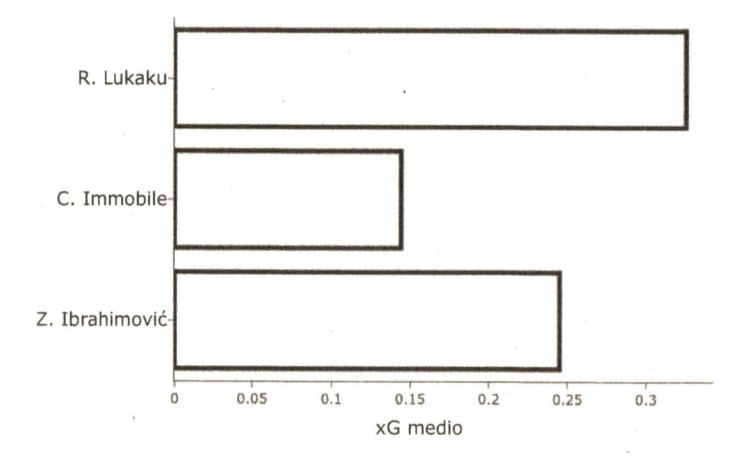

Figura 6. *Valori expected goal medi per tutti i gol segnati da Zlatan Ibrahimović, Ciro Immobile e Romelu Lukaku. Immobile si conferma come attaccante in grado di segnare gol "improbabili", mentre Lukaku è ancora da investigare ulteriormente: segna da situazioni più "facili" ma sappiamo che è anche un grande fornitore di assist. Probabilmente sa scegliere bene qual è la situazione migliore per arrivare al gol, anche se questo comporta il passare la palla a un compagno.*

Terzo problema: mai sommare le probabilità di eventi indipendenti

Novantesimo minuto di Argentina-Colombia, Copa América 1999. L'arbitro concede un rigore per l'Argentina, e a batterlo va Martín Palermo. Il giocatore prende la rincorsa, calcia e centra la porta, ma il portiere colombiano Miguel Calero la respinge. E Palermo per un attimo resta immoto, negli occhi lo sguardo di un uomo disperato.

Non che il rigore avesse una qualche importanza ai fini del risultato, la Colombia stava vincendo 3-0. Ma il giocatore argentino aveva delle buone ragioni per rimanere basito. Nella stessa partita ne aveva già sbagliati due.

Gli expected goals hanno una loro utilità, una volta che si conosce la peculiarità del metodo con cui si calcolano: sono infatti un buon modo per valutare l'efficacia delle strategie di gioco di una squadra. Quando non mescolati nel calderone della somma di probabilità, sono importanti per valutare la capacità realizzativa di un attaccante, in base alle caratteristiche delle occasioni da gol che riesce a creare.

In barba però ai limiti degli algoritmi per il calcolo, gli expected goals stanno diventando una nuova arma per sostenere una delle tesi più ricorrenti nei dopopartita: «Meritavamo di vincere». Il più delle volte, però, a torto.

Facciamo un esempio. Contro il Benevento, in una famigerata partita del campionato 2020/2021, la Juventus ha creato – se li sommiamo tra loro – 2,31 expected goals a fronte degli 0,25 degli avversari – in altre parole, 2,31 è la somma delle probabilità di segnare per ogni tiro della

Juventus contro il Benevento. Ciononostante, la partita è finita 1-0 per il Benevento.

Usare la *somma* degli expected goals per dire «meritavamo di vincere» potrebbe avere esiti nefasti se l'interlocutore è uno statistico. Quest'ultimo potrebbe mettersi a ridere, anche senza essere a priori un antijuventino. Il motivo è molto semplice: sommare le probabilità in questo caso non ha senso.

Al netto del reale svolgimento della partita, sommare le probabilità di eventi indipendenti tra loro – i tiri in porta – non è quasi mai una bella idea. Per capire meglio la questione, immaginiamo di tirare un dado un certo numero di volte, e proviamo a calcolare la probabilità che esca almeno un 6. Se lo tiriamo una volta sola, la probabilità è $1/6$. E se lo tiriamo 6 volte? Sommando le probabilità, otterremo $1/6 + 1/6 + 1/6 + 1/6 + 1/6 + 1/6 = 1$. Avremmo dunque la sicurezza di ottenere almeno una volta un 6.

C'è solo un problema: non è vero. Riesco a immaginarmi molte situazioni nelle quali ciò non si verifica. Posso ottenere sei volte 1, oppure tre 1 e tre 2, oppure tre 2 e tre 5 – siamo sicuri che l'avevate già intuito, ma l'editore ci paga a righe.

Capite adesso dov'è l'inghippo?

Tornando all'"improbabile" prestazione di Martín Palermo citata in apertura, se anche nel suo caso sommassimo le probabilità degli expected goals, faremmo esattamente lo stesso errore. La probabilità di segnare un rigore, come abbiamo visto nel capitolo precedente, è 0,78. Siccome 0,78 + 0,78 + 0,78 fa 2,34, seguendo questo ragionamento Martín Palermo avrebbe dovuto segnare almeno due gol contro il portiere colombiano.

Purtroppamente, come direbbe Cetto Laqualunque, la realtà ci dimostra con ineffabile certezza che avremmo torto.

Com'è allora che bisogna affrontare la questione?

Il corretto modo di ragionare in questi casi è chiedersi con che probabilità la palla *non* entrerà in porta.

Il primo principio delle probabilità è che qualcosa deve accadere, quindi la probabilità che accada qualcosa è 1. Questo 1 è dato dalla somma di due eventi mutuamente esclusivi, ovvero di due cose che non possono succedere contemporaneamente: la palla o va in gol o non va in gol. Solo quando si hanno due o più eventi che si escludono a vicenda, si sommano le probabilità.

Quindi, la probabilità che la palla vada in porta è data da questa differenza: 1-(probabilità che la palla *non* vada in porta).

Nel caso esplicito di Martín Palermo, la probabilità di segnare almeno un rigore su tre è del 98,04%. Il che significa che, due volte su cento, ci aspettiamo che il tiratore ne sbagli tre di fila. Il fatto che non lo vediamo capitare spesso è che di rado si danno tre rigori alla stessa squadra nella medesima partita...

La morale è che sommare tra loro gli xG è un'operazione priva di significato. Quello che bisogna saper combinare sono le singole occasioni da gol. Una occasione con probabilità 0,5 ha una probabilità del 50% di generare un gol, ma due occasioni con probabilità 0,25 hanno una probabilità del 43%. Non è la stessa cosa.

Non va dimenticato che lo scopo del gioco è *fare* goal, e non *creare occasioni* da gol. L'expected goal ci dice quanto è probabile segnare di fronte a una certa occasione da gol, e più è alta questa probabilità, più aumenta il rammarico quando non si segna. Se però fosse solo una questione di sfortuna, vorrebbe dire che segnare gol sarebbe... questione di fortuna, un evento quindi completamente casuale. Ogni tiro in porta sarebbe l'equivalente di un gratta e vinci: a parità di tiri in porta si dovrebbero segnare lo stesso numero di gol – e, di conseguenza, lo statistico ci farebbe notare che Cristiano Ronaldo e qualunque altro attaccante della stessa età dovrebbero avere lo stesso stipendio e un numero simile di gol segnati in carriera.

Per infierire, lo statistico tirerebbe fuori anche i limiti noti degli algoritmi che calcolano gli expected goals. "Avere lo stesso xG" è l'equivalente calcistico di "avere lo stesso motore di cilindrata 1000": ma se il motore è montato su una motocicletta da MotoGP o su una Panda c'è una bella differenza, ed è inutile tentare di spiegarla intestardendosi sulla natura di cilindri e pistoni... Insomma, il calcolo degli xG ha comunque i suoi punti deboli: punti deboli, come abbiamo visto, dovuti dall'esistenza dei Messi e i Ronaldo da un lato, e dei Kevin Lasagna e i Simone Zaza dall'altro.

Non ce ne vogliano i due attaccanti italiani, a cui va tutta la nostra simpatia. D'altronde, se noi stessi avessimo avuto due paia di piedi decenti, non saremmo qui ad analizzare le statistiche di calcio.

Il Kobra non è un serpente

La carriera di Darko Pančev finì, in definitiva, con quella stagione all'Inter.

Dopo il ritiro ebbe varie proposte, ma non tutte dal mondo del calcio. Un importante produttore di film per adulti gli chiese esplicitamente se gli andava di iniziare una carriera nel porno – probabilmente pensando che uno che faceva cose così indecenti con maglietta e pantaloncini ancora addosso figurarsi che performance poteva fornire una volta denudato. Pančev scelse di rifiutare, e ancora oggi la domanda se il macedone fosse un campione o un fenomeno parastatale aleggia senza risposta.

Una cosa è certa, però. Valutare un attaccante non è facile, e contare i gol non basta. Lo vedremo nel prossimo capitolo.

Maradona è megl'e Pelé?

A cosa servono i numeri, per calcolare la vita?
Una volta che sei, che te ne frega di ogni altra cifra?
                                        Chiara Dello Iacovo

Abbiamo già incontrato Matthew Le Tissier, grande specialista di calci piazzati. Anche gli specialisti, però, ogni tanto si fanno male.

Capita al 32° minuto di Southampton-Leeds United, il 23 novembre 1996.

Le Tissier si infortuna a un polpaccio e non riesce a proseguire. Con mestizia, lo speaker annuncia l'imminente sostituzione: fuori Le Tissier, dentro Ali Dia.

Ali chi? I tifosi non lo conoscono, anche lo speaker ne sbaglia il nome, e tutto lo stadio si chiede chi sia il giocatore appena entrato.

Dopo un'occasione calciata in modo goffissimo, Dia inizia a vagare per il campo correndo a tutta velocità, ma a caso – gli inglesi chiamano questo modo di giocare *headless chicken*, "pollo senza testa", e come si può capire non è un complimento. Matt Le Tissier, in panchina, è imbarazzato. «Sembrava di vedere Bambi sul ghiaccio» dirà anni dopo in un'intervista. Così i tifosi smettono di chiedersi chi sia, e cominciano a domandarsi chi ce l'ha messo.

E questa è una storia da raccontare, a metà fra uno scherzo e una follia.

Ali Dia è senegalese, ha trentun anni, è un ragazzo intelligente e appassionato di calcio. Ha girato l'Europa per studiare, sperando di fare carriera nel calcio che conta. E infatti ha giocato in squadre delle divisioni minori del campionato francese, come La Rochelle e l'Olympique Saint-Quentin, per poi approdare in Finlandia, prima con i dopolavoristi del Finnairin Palloilijat, poi con il Palloherko-35 in terza divisione. Nel 1996, si iscrive a Economia alla Northumbria University di Newcastle e gli viene in mente uno scherzo. Convince un suo amico a fingersi George Weah – sì, proprio lui, il re George del Milan, il Pallone d'oro in carica quell'anno – e a telefonare a Graeme Souness, allenatore del Southampton.

«Sono George Weah e volevo segnalarvi questo ragazzo, che tra l'altro è mio cugino. Abbiamo giocato insieme nel PSG e anche se non è forte come me è davvero un ottimo attaccante.»

A nessuno passa per la mente che è un po' strano che Weah, liberiano, abbia un cugino in Senegal. Ma in quel momento Souness è pieno di problemi, specialmente in attacco, con l'infermeria piena: ha bisogno di gente da portare in panchina a ogni costo. Se lo dice Weah, magari il tizio non è male. Così, Dia non si aggrega alla squadra di lunedì, dopo la partita domenicale, per fare un provino come tutti gli altri; ma la raggiunge direttamente il venerdì, fa il primo allenamento e il sabato si accomoda in panchina.

Il resto è storia. Le Tissier si fa male, e lo scherzo più bello della storia del calcio si concretizza. Per 53 minuti Ali Dia, studente di economia con l'hobby del calcio, gioca in Premier League.

Come attribuire un rango a un calciatore

Va bene, non c'è dubbio che Ali Dia fosse scarso. Ma se dovessimo quantificare *quanto* fosse scarso, da dove cominceremmo?

La prestazione di un calciatore è un qualcosa difficile da valutare. Eppure, l'evoluzione della carriera di un calciatore viene decisa proprio da come sono valutate le sue prestazioni in campo dagli osservatori che sono lì, di volta in volta, a guardarlo. Che siano i boati o i fischi della curva, le "pagelle" sui giornali sportivi o le relazioni degli osservatori professionisti, non importa: sono questo tipo di valutazioni a decretare la fortuna di questo o quel giocatore – oltre che il moto perpetuo che manda avanti le discussioni di tecnici e appassionati di tutto il mondo.

I tifosi del Napoli, negli anni ottanta e novanta, non hanno avuto bisogno di particolari analisi o strumenti tecnologici per stabilire che Diego Armando Maradona fosse migliore di Pelé – il nuovo nome dello stadio partenopeo, cambiato di recente, parla da solo –, una posizione sostenuta tutt'oggi senza troppa difficoltà da moltissimi, partenopei e non. L'ipotesi principale era la seguente: Maradona ha giocato in diversi campionati, e con il Napoli ha vinto due scudetti e una Coppa Uefa, titoli che all'ombra del Vesuvio non si erano mai visti prima né sono stati visti dopo. Oltre a questo, c'è il successo ottenuto nella Coppa del Mondo del 1986, con il "gol del secolo" che tutti conosciamo. Ergo, come dicevano (e dicono) a Napoli, «Maradona è megli'e Pelé».

D'altra parte, se è vero che Pelé ha sempre giocato in un solo campionato, quello brasiliano, è anche vero che ha raggiunto numerosi record per numero di gol segnati da un calciatore professionista, oltre ad aver guidato la nazionale verdeoro alla vittoria di tre coppe del mondo in 12 anni consecutivi, dal 1958 al 1970.

Gli argomenti comuni nella discussione Maradona versus Pelé identificano già quale sia la difficoltà nell'analizzare i calciatori: i risultati, nel calcio, sono legati alle squadre. Sono uno dei pochi riferimenti oggettivi disponibili, e si usano spesso per valutare la carriera di un calciatore. Ma una squadra è un sistema complesso, un'entità il cui funzionamento non dipende solo dai singoli elementi al loro interno (ovvero i giocatori), ma che è fortemente legato all'insieme delle interazioni tra di loro (dalla rete di passaggi agli schemi di gioco). Calcolare il contributo del singolo calciatore sul risultato ottenuto dalla squadra è un processo che sta tenendo impegnati data scientist e ricercatori un po' in tutto il mondo.

L'evoluzione continua nell'acquisizione e nell'analisi dei dati del calcio sta già portando a dei risultati rimarchevoli. Esistono piattaforme web dove gli allenatori e i presidenti delle squadre trovano archiviati tutti i video delle partite di ogni ordine e grado, in alcuni casi fino ai dilettanti e alle giovanili. Non c'è niente che non venga registrato, vagliato, analizzato. A oggi difficilmente potremo assistere a storie come quelle di Diego Pablo Simeone o di Carlos Raposo detto il Kaiser.

Il primo è attualmente un allenatore di successo ed è stato un grandissimo calciatore dell'Atlético Madrid, della Lazio, dell'Inter e della nazionale Argentina. La sua carriera cominciò in Italia, nel Pisa, anno di grazia 1990: la leggenda narra che il presidente del Pisa, Romeo Anconetani, scelse di acquistare Simeone dopo averlo visto solo in foto.

Carlos "Kaiser" Raposo sfruttò in modo diverso l'assenza di informazioni di quegli anni. Brasiliano, amico di calciatori professionisti e dominus delle serate mondane di Rio de Janeiro, il Kaiser riuscì a truffare per oltre un decennio le società di calcio che si assicuravano il suo cartellino. Si faceva raccomandare dai suoi amici calciatori per ottenere un ingaggio, e al primo allenamento fingeva un infortunio. Iniziò con il Botafogo, poi passò al Flamengo. Era difficile reperire informazioni a quell'epoca, meno che mai avere dati oggettivi su un qualsiasi calciatore. Il presidente del Flamengo avrà ragionato così: «Se il Kaiser è già stato ingaggiato dal Botafogo, alla peggio potrò usarlo come riserva».

La quantità e qualità dei dati oggi disponibili rende molto difficile la vita ai nuovi Kaiser Raposo. Tutto ciò che succede durante una partita viene tracciato, e da questi dati si creano modelli matematici per velocizzare la valutazione delle prestazioni nel modo più oggettivo possibile. Quando entra in gioco la parola *oggettivo* il rischio di finire la discussione *à la* processo di Biscardi è alto. Per i più giovani: prima di YouTube, le discussioni calcistiche a suon di urla emesse da personaggi coriacei si potevano guardare solo in TV, al *Processo di Biscardi*, per l'appunto. L'oggettività nel calcio è il sogno di ogni tifoso e l'incubo di ogni giornalista.

Sappiamo già che a giudizi totalmente oggettivi non arriveremo mai. Ma pur accettando questo, ciò non toglie che possiamo concentrarci su come si elaborano i modelli di valutazione delle performance dei calciatori – e impegnarci a crearne sempre di migliori. Certo, rispetto alle valutazioni fatte da osservatori in carne e ossa ci sono sia vantaggi sia svantaggi.

Il vantaggio principale di questo modo di pensare è il determinismo: agli stessi dati relativi a una prestazione corrispondono sempre le stesse valutazioni. Lo svantaggio rimane il solito: nel calcio non si riesce a misurare qualsiasi cosa succeda in campo. Un osservatore che assiste alla rissa tra un giocatore e il suo allenatore sa già che, a prescindere dalla valutazione analitica, quel giocatore difficilmente ripeterà qualsivoglia prestazione in campo.

La valutazione analitica della partita di un calciatore è un servizio fornito ormai da diversi software, dai più professionali fino a quelli gratuiti. Il principio su cui si basa la valutazione varia in base a come viene definito il contesto. I due approcci principali sono stati formulati nel 2018, da due gruppi di ricerca, uno belga (Università di Leuven) e uno italiano (Università di Pisa).

I ricercatori di Leuven hanno sviluppato *VAEP*, acronimo di Valuing Actions by Estimating Probabilities. L'algoritmo VAEP si basa sulla stima del contributo di ogni singola giocata in termini di probabilità di segnare un gol, oppure subirlo, nei prossimi *n* secondi.

L'obiettivo è quello di individuare le giocate illuminanti e gli errori che preludono a situazioni pericolose. Una giocata viene valutata in positivo, o in negativo, usando come riferimento oggettivo l'eventuale occasione da gol che si crea o si subisce di lì a tot tempo.

Pensiamo agli assist e ai passaggi di un Andrea Pirlo o di uno Xavi, cross geniali che riescono a ingannare anche le telecamere televisive recapitando la palla in luoghi inaspettati e creando contesti favorevoli alle azioni da gol dei propri compagni. Oppure agli errori in uscita di un centrocampista alla Vampeta, che permettono agli avversari di arrivare in porta con appena tre passaggi. Chi non dovesse conoscere Vampeta, può cercarlo nel web e nel frattempo bearsi della giovinezza calcistica felice che ha potuto passare.

Il calcolo del valore di ogni giocata viene eseguito sfruttando tecniche di intelligenza artificiale. Si parte da un dataset ragionevolmente ampio di partite, nell'ordine delle migliaia, e le si scompone in sottosequenze di giocate, di lunghezza fissa.

A ogni sottosequenza si associano le occasioni da gol create e subite e si utilizza l'intelligenza artificiale per scovare le relazioni che ci sono tra le singole giocate presenti in ogni sottosequenza e le occasioni da gol accadute negli n secondi successivi.

Se, per esempio, tra le partite del dataset ci sono anche quelle giocate dal Pirlo calciatore, l'intelligenza artificiale potrà accorgersi – facilmente, aggiungiamo noi – di questo fatto: ogni volta che in una sottosequenza di giocate compare un passaggio filtrante che attraversa le linee avversarie e trova un compagno libero a ridosso dell'area di rigore, pochi secondi dopo è molto probabile osservare una occasione da gol.

L'algoritmo VAEP valuta quindi ogni giocata in base a quanto aumenta, o diminuisce, la probabilità di segnare un gol nei secondi successivi alla stessa. Allo stesso modo viene considerato l'aumento della probabilità di subire un gol. Il valore della prestazione di un giocatore in una partita, dunque, è dato dalla somma dei valori delle sue giocate.

Nello stesso periodo in cui è stato sviluppato VAEP, all'Università di Pisa veniva creato l'algoritmo *Playerank*, utilizzando però un approccio diverso.

Playerank analizza la relazione tra il tipo di giocata e il risultato della partita, andando a misurare il contributo di ogni tipo di giocata al raggiungimento del risultato.

Capire quanto ogni giocata sia decisiva è frutto di una mediazione. Non serve scomodare Alan Turing – il matematico britannico che può a buon diritto essere considerato il padre dell'informatica – per dimostrare che le sole giocate decisive ai fini del risultato sono tutte quelle portano a segnare un gol o a evitarlo. Gli eventi decisivi, insomma, si riducono al tirare in porta e al parare il tiro. Tuttavia, il 70% dei tiri in porta di un campionato sono eseguiti dal 23% dei calciatori. Mentre tutte le parate sono eseguite da meno del 10% dei calciatori. Limitandosi ai soli eventi davvero decisivi, si rischia di prendere in considerazione solo portieri e attaccanti.

L'obiettivo di Playerank è riuscire a "dare un peso" a tutto ciò che avviene in partita oltre al gol. L'intelligenza artificiale che sta alla base di *Playerank* assegna un peso – espresso in valore numerico – a qualsiasi giocata avviene in campo, in base alla frequenza con cui tale giocata è osservata nelle squadre che ottengono, alla fine di un match, un risultato positivo. I gol vengono però esclusi dagli eventi osservati in una partita: l'intelligenza artificiale deve riuscire a capire chi ha vinto senza conoscere l'esito dei tiri in porta. In pratica, c'è un software che si "guarda" decine di migliaia di partite in cui le porte sono state cancellate e deve capire chi ha vinto guardando tutti gli altri eventi: passaggi accurati, errori in area di rigore, duelli vinti, e così via.

«Perché non considerare i gol?» chiederebbe Filippo Inzaghi, che di mestiere faceva solo quello. Quando una misura diventa un obiettivo, cessa di essere una buona misura. Se, per esempio, per valutare l'efficienza di un call center contiamo il numero di telefonate che è in grado di gestire ogni operatore, questo ha un senso. Ma, se decidiamo di pagare un operatore sulla base del numero di telefonate che gestisce, ben presto ci ritroveremo con telefonisti che danno risposte monosillabiche e scontrose, chiudendo le chiamate immediatamente, così da massimizzare il numero di telefonate ricevute. L'intelligenza dell'operatore si accorge che ha già a disposizione la variabile che gli permette di massimizzare l'obiettivo. L'intelligenza artificiale si comporta allo stesso modo se gli chiediamo di capire chi ha vinto una partita mettendogli a disposizione, tra le variabili, anche i gol segnati: darà importanza solo e soltanto a quelli. A noi, però, interessa valutare l'importanza di tutti gli altri eventi.

Questo processo è la base su cui Playerank costruisce il suo modello di valutazione. È però importante, fin da subito, avere una validazione: in questo caso, contiamo in quanti casi il modello inferisce correttamente l'esito della partita, tenendo conto che non ha idea di chi e quando abbia segnato. L'accuratezza nell'"indovinare" il risultato di una partita considerando tutti gli eventi accaduti tranne i gol arriva all'80%. Questo significa che, oltre a segnare più gol, le squadre vincenti tendono ad avere valori ben definiti anche in tutti gli altri eventi. Riuscire a capire chi ha vinto senza sapere chi e quando ha segnato un gol è fondamentale: ci conferma che anche le altre giocate contribuiscono al risultato finale. Una volta verificata l'accuratezza del modello, Playerank ne estrae il modo di ragionare o, detto in altre parole, il criterio con cui il modello "pesa" ogni tipo di giocata e secondo cui, poi, decide quale delle due squadre ha vinto la partita.

I tiri in porta hanno ovviamente un peso positivo – ovvero spostano il risultato verso una differenza reti positiva. I passaggi errati nella propria metà campo, invece, hanno un peso lievemente negativo. Un fallo da cartellino rosso è invece la giocata che più di tutte influisce negativamente sul risultato. E così via per tutti gli eventi registrati in campo, che possono essere di oltre cento tipologie diverse.

Una volta che si è espresso il valore di ogni prestazione (il "peso") in un singolo numero possiamo passare a un ulteriore livello di analisi: la prestazione del giocatore. A ogni giocata si associa il peso corrispondente quindi si sommano i pesi di tutte le giocate così da ottenere un valore unico, normalizzato poi in una scala da 0 a 1.

Attenzione però: finora, in tutto questo procedimento, i gol segnati non sono stati presi in considerazione. Playerank lascia all'utente la scelta sul peso da dare ai gol, proprio perché sono un evento particolare – e rarissimo, solo 1 evento su circa 1000 registrati è un gol – all'interno di una partita.

Una volta scelto il valore – l'importanza, insomma – da assegnare al gol, si somma tutto e si ottiene un indice, il Playerank score: il tanto agognato metro oggettivo con cui misurare le prestazioni dei calciatori e confrontarli tra di loro.

Siamo di nuovo al "Maradona e megli'e Pelé". Ma con la differenza che, grazie alla tecnologia di oggi, possiamo avere qualche prova in più – e più ponderata – a supporto dell'una o dell'altra tesi. Senza contare che, con questo metodo, è possibile studiare l'evoluzione della carriera dei calciatori:

possiamo osservare cosa succede quando un calciatore passa da un campionato a un altro, o da una squadra all'altra, e come le sue prestazioni variano nel tempo.

Sfortuna vuole che su Maradona e Pelé non ci siano abbastanza dati per un confronto. Prendiamo per buono, allora, l'assioma proposto alle falde del Vesuvio, e concentriamoci sui giocatori ancora in attività.

Chi, in questo momento, è il migliore sulla piazza?

Facendo attenzione che non sia quello tanto caro al Malvaldi, tagliamo subito la testa al toro: Lionel Messi da Rosario è il calciatore più forte in attività. O meglio, quello che spunta sempre in cima alle classifiche, quale che sia l'algoritmo utilizzato per valutare le performance. Di un campione spesso si dice: «ha i numeri». Ecco, Messi li ha tutti. Il sospetto è che se creassimo un algoritmo basato solo sui dati delle rimesse laterali, Messi balzerebbe in cima alla classifica anche lì.

Immediatamente a ruota, e a brevissima distanza, troviamo Cristiano Ronaldo.

Va detto anche che non servivano anni di studio per sapere che CR7 e Leo Messi sono i migliori calciatori in circolazione. Lo sanno già gli alunni di scuola materna, dopo appena tre anni di nascondino e recite natalizie.

Per tutti gli altri giocatori, però, è molto utile avere un indice.

Oltre a misurare la prestazione, Playerank assegna il ruolo a ogni giocatore in base ad attributi posizionali. La versione più semplice calcola il punto medio in cui viene osservato il calciatore durante la partita e assegna il ruolo secondo lo schema grafico seguente (figura 7):

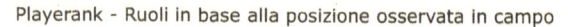

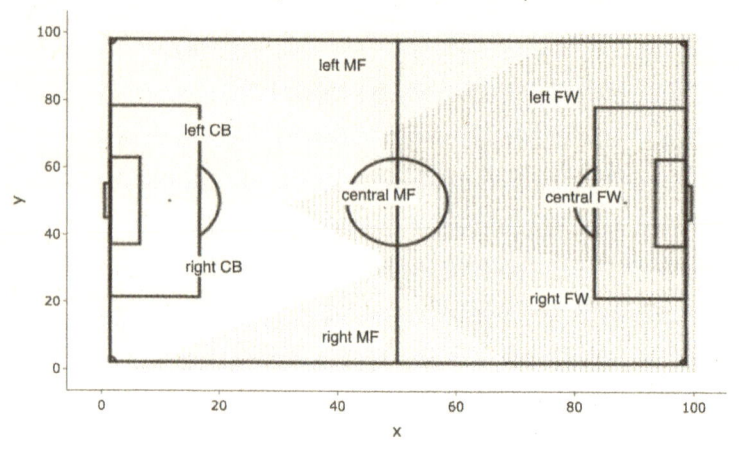

Figura 7. *Posizioni in campo corrispondenti a ogni ruolo: difensori (CB), centrocampisti centrali/esterni (MF), attaccanti/trequartisti/mezzale (FW).*

È un'assegnazione importante per evitare di... mescolare le mele con le pere. Chiediamo perdono per l'utilizzo del paragone ortofrutticolo, ma i lettori saranno comprensivi perché anche loro, come noi, a scuola l'avranno sentito fino allo sfinimento.

Nel calcio, il ruolo di un giocatore descrive la sua "funzione" – a meno di non giocare con il 5-5-5 di Oronzo Canà, dove i difensori attaccano e gli attaccanti difendono, così da confondere gli avversari (e gli algoritmi). Il modo più semplice per definire tale funzione prevede l'utilizzo dei soli attributi posizionali, senza coinvolgere quelli tecnici. Per esempio, nei *central Forward* possono ricadere sia gli arieti da area di rigore che i rifinitori.

Playerank score medio - Serie A 2020/2021 (minimo 15 presenze nel ruolo)

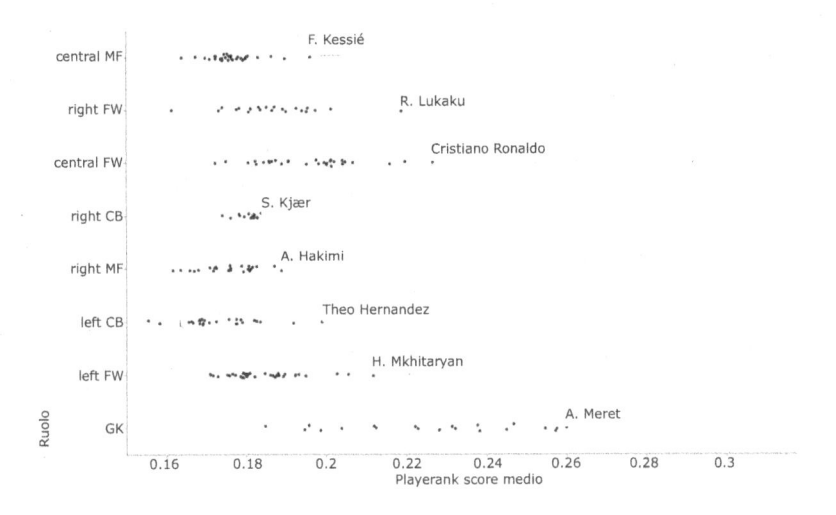

Figura 8. *Playerank score medio durante la stagione di Serie A 2020/2021. Sono riportati solo i nomi dei primi in classifica per ogni ruolo.*

Il Playerank per tutte le partite della Serie A 2020/2021 presenta in cima alle classifiche alcune conferme e alcune sorprese.

Notiamo di passaggio che i ranking che si possono trovare nel web sono molti, la differenza con Playerank sta nel fatto di conoscere o meno come vengono calcolati. L'algoritmo alla base di Playerank è completamente *open source*; in pratica in rete è disponibile sia documentazione sia codice sorgente: un'informazione che fornisce un contesto al valore che stiamo analizzando.

Come si può vedere nella figura 8, le distribuzioni del Playerank score variano molto in base al ruolo. Questo perché ci sono alcuni ruoli che effettuano un numero più alto di giocate decisive ai fini del risultato finale. *In primis* i portieri, seguiti dagli attaccanti: i loro errori possono condizionare una partita in modo irrimediabile.

Dei difensori, invece, è un po' più difficile valutare la prestazione: le giocate legate alla fase di non possesso palla sono ancora molto complicate da registrare, e i dati di queste non sono disponibili su larga scala. Facciamo un esempio: un difensore che, fermo come uno stoccafisso, si limita a guardare gli avversari mentre entrano in porta con la palla. Ecco, per capirci, un evento del genere sfugge alle maglie del nostro algoritmo, perché non viene registrato dalle compagnie che raccolgono i dati e li forniscono a squadre, analisti e media.

Il lettore forse no, ma il Malvaldi sta pensando a Gleison Bremer in una delle ultime partite giocate nel 2021, dove il Torino ha perso 7-0. In quell'occasione, Bremer ha avuto una giornata storta ed effettivamente è rimasto a guardare gli attaccanti avversari prendere a pallonate il suo portiere. Tuttavia, stando ai dati del possesso palla, Bremer ha giocato la sua solita partita generosa. Una combinazione di eventi che rende il Playerank score di Bremer non così basso come ci aspetterebbe da un 7-0.

Si tratta di una "debolezza" presente non solo in Playerank, ma in tutti gli algoritmi di valutazione di questo genere, proprio perché costruiti a partire dallo stesso tipo di dato.

Come ulteriore metro di paragone, in figura 9 è illustrata la distribuzione del Playerank score medio considerando i principali campionati europei.

Confrontare i calciatori tra loro è l'obiettivo principale per cui si è cercato sviluppare modelli di valutazione determi-

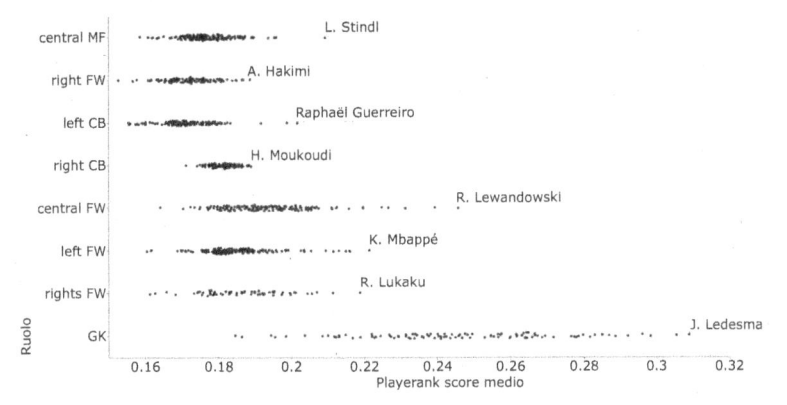

Figura 9. *Playerank score medio relativo ai principali campionati europei nella stagione 2020/2021. Sono riportati solo i nomi dei primi in classifica per ogni ruolo.*

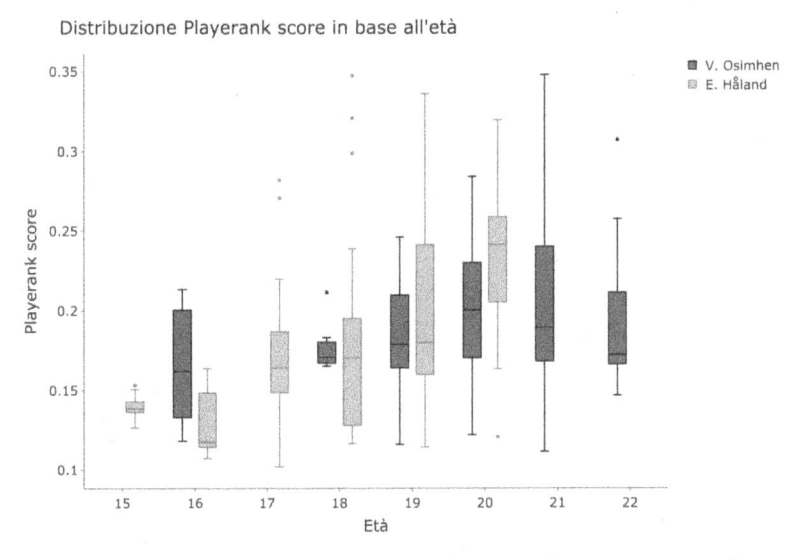

Figura 10. *Evoluzione del Playerank score relativo ai calciatori Victor Osimhen (Napoli) ed Erling Håland (Borussia Dortmund). La distribuzione degli score in base all'anno di età è visualizzata con un diagramma "a scatola e baffi". La linea centrale all'interno del rettangolo indica il valore mediano, la dimensione del rettangolo racchiude il 50% della distribuzione. Le linee verticali superiore e inferiore invece indicano i valori sulle code della distribuzione. I punti esterni sono i cosiddetti outlier, ovvero valori molto distanti dalla mediana.*

nistici, come appunto Playerank o VAEP. La forza di questo tipo di algoritmi, in fondo, è proprio questa: a fronte di due prestazioni identiche, corrispondono due Playerank score identici.

Si tratta di strumenti che hanno tanti possibili usi.

Per esempio, possiamo analizzare l'evoluzione e la crescita di un calciatore nel corso del tempo.

Prendiamo in esame due giovani e ben noti attaccanti, Erling Håland e Victor Osimhen. Dalla figura 10 si nota come Håland (20 anni), astro nascente del calcio mondiale, fino ai 19 anni abbia seguito un'evoluzione simile alla promessa napoletana Osimhen (22).

Per i meno ferrati in termini di calciomercato, Osimhen è stato uno degli investimenti più onerosi del Napoli, che l'ha acquistato dal Lille nonostante il momento di crisi finanziaria per tutti i club calcistici del mondo. I numeri mostrati finora da Osimhen sembrerebbero poter giustificare il suo prezzo. Non è al livello di Håland, ma pur essendo stato frenato nell'ultima stagione da alcuni infortuni la sua crescita lascia intravedere un potenziale simile.

Playerank è un indice utilizzato anche per fare ricerche all'interno dei database di calciatori. Quelli tracciati attualmente sono centinaia di migliaia, e fare ordine in un archivio così grande è fondamentale. Tramite Playerank possiamo scoprire come il Borussia Dortmund non abbia solo Håland tra le sue fila, ma anche chi potrebbe far meglio di lui. Durante questa stagione ha infatti debuttato in prima squadra Youssufa Moukoko, già diventato il più giovane marcatore della storia della Bundesliga. Lo stesso Håland ha dichiarato: «Moukoko è più forte di me, vedrete».

Distribuzione Playerank score in base all'età

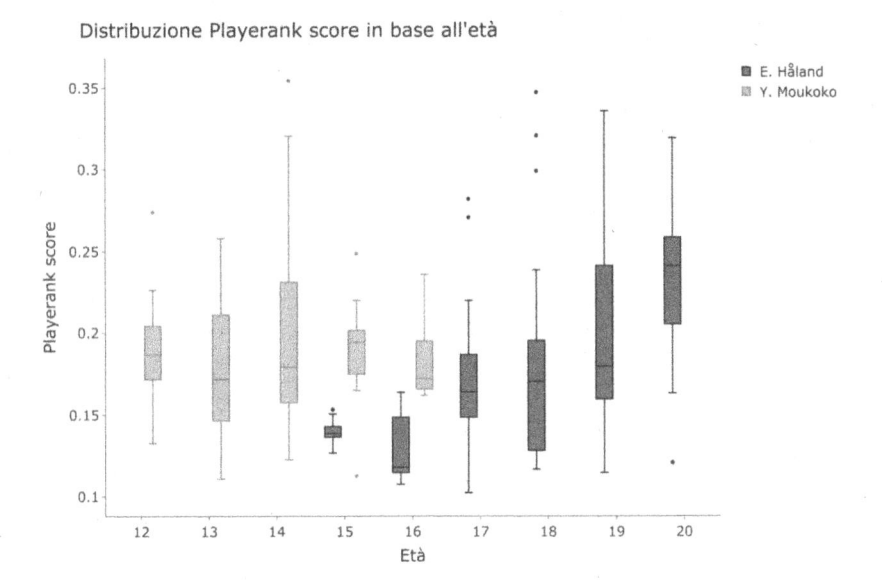

Figura 11. *Evoluzione del Playerank score per Youssoufa Moukoko e Erling Håland*

Nella figura 11 il confronto con Håland: anche i dati sembrano confermare l'ipotesi dell'attaccante norvegese. Di Håland ci si può fidare, così come ci si poteva fidare di George Weah – quello vero.

C'è vita oltre il calcio

Nel 2001, Dia si laureò ed emigrò negli Stati Uniti, per continuare gli studi. Dopo un MBA alla San Francisco University, si trasferì definitivamente in Qatar, dove vive e lavora tuttora come manager. Ma ancora oggi ci sono cori della curva dei Saints che inneggiano a Ali Dia, e la maglietta-replica biancorossa con il numero 33 e il nome

DIA viene ancora venduta a Southampton, al prezzo di 49,99 sterline.

Per valutare un giocatore, come potrebbe dirvi oggi lo stesso Ali Dia dall'alto della sua esperienza e competenza, occorre non fermarsi mai semplicemente al suo valore di marketing.

Il che però ci pone un problema. Ali Dia a trent'anni capì che il suo futuro non era nel calcio, o forse lo sapeva benissimo già prima, e decise di dedicarsi allo studio. Sapeva dove valeva la pena migliorarsi, e dove no.

Il Playerank fornisce un rango, una classifica: ti dice che Messi è più forte di tutti, e che Håland probabilmente lo sta diventando. Ma anche se funzionasse perfettamente – e noi ne siamo parecchio orgogliosi – non potrà mai dire *perché* un calciatore è forte, e *in cosa* potrebbe migliorare.

Il numero del ranking ci indica semplicemente una posizione all'interno di una classifica, ma non ci dà i criteri o i parametri con cui quella classifica è stata stilata, né quelli – ben più importanti – dei fattori che invece l'hanno causata – e sui quali, eventualmente, si può intervenire.

Per esempio, il numero di gol è un parametro importante per la prestazione di un giocatore. Purtroppo però non basta dire a un attaccante «se vuoi migliorare, fai più gol», perché questi, in effetti, migliori.

In questo caso, sarà necessario smontare la nostra nozione di prestazione e riformularla in concetti più vicini all'essere umano e al modo in cui ragiona. Una variabile importante nel definire la prestazione è il contesto in cui avviene, sebbene sia molto complicata da estrapolare.

Sebastian Giovinco ha la stessa età di Lionel Messi, e ha fatto registrare numeri impressionanti nell'anno del suo esordio nel campionato statunitense e canadese, con medie paragonabili a quelle ottenute dalla Pulce nella Liga spagnola.

Chi mastica un po' di calcio intuisce naturalmente come quei numeri siano allo stesso tempo uguali e diversi. Chiediamo perdono a tutti i nostri insegnanti di matematica passati e futuri, ma è davvero così. Non ci resta che vedere perché.

Salire di livello

*Addio Serie A, noi ce ne andiamo
nel calcio che conta.*

Federica Riccardi
(compagna del calciatore Alessio Cerci)

L'estate del 1997 è impressa nelle menti di tutti gli interisti.

A un certo punto i giornali sportivi cominciarono a parlare di una trattativa di calciomercato con toni epocali: Ronaldo, brasiliano di 22 anni, stava per trasferirsi all'Inter. Il prezzo era il più alto di sempre per un calciatore; per rescindere il contratto che il giocatore aveva con il Barcelona, infatti, occorreva spendere 48 miliardi di lire. Nella Liga Ronaldo aveva già fatto vedere un talento cristallino, tuttavia i commentatori italiani esprimevano qualche dubbio. «Va bene» dicevano «è capocannoniere in Spagna, ma qui in Italia si gioca tutto un altro calcio. Non sarà facile adattarsi.»

Lo stesso anno, sull'altra sponda del calcio milanese, si perfezionava il trasferimento di un altro brasiliano. Si chiamava Leonardo de Araújo e veniva dal Paris Saint-Germain, dove era arrivato l'anno precedente, dopo due campionati giocati con i Kashima Antlers, nella serie A giapponese. E qui si rende necessaria una digressione.

Nel 1994, il campionato giapponese era agli esordi, e i giocatori dell'Ovest che vi approdavano erano attempati campioni in cerca di emozioni, e in certi casi anche di soldi. Non tutti erano dei relitti. Totò Schillaci, per esempio, si trasferì al Júbilo Iwata appena trentenne. Dragan Stojković, il fenomeno serbo della Stella Rossa, si unì ai Nagoya Grampus Eight che ne aveva ventinove, deliziando il pubblico giapponese per sette anni con le sue giocate irriverenti: spesso, dopo aver scartato anche il portiere, Stojković nemmeno tirava, ma spostava con la punta del piede la palla di una trentina di centimetri, in modo da farle passare la riga di porta e segnare il gol senza consumare la rete. Entrambi si erano trasferiti in Giappone nel 1994, lo stesso anno di Leonardo, che però all'epoca aveva appena 24 anni ed era nel pieno della carriera. Una carriera che continuerà con parecchia soddisfazione: nel suo palmarès una Copa América e una Confederations Cup vinte con il numero 10 del Brasile sulle spalle, un onore che tocca a pochi. E, con il Milan, l'anno successivo al trasferimento, arriverà lo scudetto.

Perché Leonardo a ventiquattro anni, fresco vincitore del Mondiale 1994, prese e andò in Giappone, in un campionato neonato e apparentemente privo di stimoli? Forse perché gli piaceva dare spettacolo: contro gli Yokohama Flügels, per esempio, segnò un gol dopo aver superato tre difensori in area con tre sombreri consecutivi. Ma il vero motivo lo spiegò lo stesso Leonardo, in alcune interviste: «Nei Kashima Antlers giocava Zico, che era sempre stato il mio idolo. Non potevo perdere l'occasione di giocare nella stessa squadra con lui».

Nel capitolo precedente abbiamo cercato di mettere a confronto tra loro i giocatori. Ora vogliamo chiederci: è possibile fare lo stesso con le competizioni di calcio?

A prima vista, infatti, non è per nulla facile attribuire un valore a un campionato – senza contare che non tutti valutano i campionati con gli stessi criteri.

Una cosa è certa però: Ronaldo segnò 25 gol il primo

anno in Serie A. L'adattamento non sembra essere stato un problema per il fenomeno brasiliano.

Scusi, quanto me lo mette questo campionato?

Valutare il livello di un torneo è un esercizio stimolante, e per certi versi fondamentale: come abbiamo detto spesso, assegnare un numero su una scala di valori a un oggetto ci permette di confrontarlo con altri oggetti in maniera non ambigua (puoi convincermi che la Luna è fatta di formaggio, ma prova a convincermi che tre è maggiore di sei…). D'altra parte, il numero da noi assegnato è una costruzione mentale, e riflette i parametri che abbiamo scelto per fare la nostra analisi. Attori diversi usano parametri diversi.

Molto spesso, per esempio, gli opinionisti usano come unico parametro il monte ingaggi. Per questo oggi tutti convergono nell'indicare la Premier League inglese come il campionato più competitivo del mondo.

Utilizzare i bilanci delle squadre partecipanti è un buon punto di partenza, tuttavia una volta che si prendono in considerazione competizioni extraeuropee o internazionali diventa più difficile affidarsi al parametro economico. Già con la Champions League, il parametro economico scricchiola: vi partecipano squadre con monte ingaggi molto diversi tra di loro, eppure è riconosciuta come la competizione più difficile di tutte.

Per partire, possiamo provare a fare un confronto tra due campionati dello stesso paese: il campionato Primavera e la Serie A.

Non di rado un giovane passa direttamente, in corso di stagione, dalla primavera... all'inverno: si tratta infatti di un cambiamento quasi sempre traumatico per i giovani calciatori, italiani e non.

Uno dei pochi a non essersi accorto del salto di livello sembra essere stato Dejan Kulusevski: in due anni, dalla primavera dell'Atalanta è passato in prima squadra, quindi è approdato al Parma, per poi ritrovarsi a lottare per una maglia da titolare nella Juventus di Andrea Pirlo. Nel suo primo anno in Serie A da titolare, Kulusevski ha segnato 10 gol e servito 19 assist. Nei campionati giovanili aveva numeri simili. Usando solo l'esempio di Kulusevski, potremmo concludere che non ci sono particolari differenze di difficoltà tra il campionato Primavera e la Serie A.

Purtroppo, costruire una teoria su un solo esempio è una pratica accettata solo nei talk-show politici. Qui si parla di calcio, non possiamo permetterci approssimazione.

Nei videogiochi, mano a mano che si sale di livello aumenta anche la difficoltà.

Nei videogiochi di calcio, al livello più basso si riesce a saltare tutti gli avversari con il portiere, nel livello più alto si guarda il computer prendere a pallonate la nostra squadra.

Nonostante alcuni maligni possano sostenere il contrario, nel calcio non c'è alcuna entità esterna in grado di aumentare o diminuire la difficoltà di una partita a piacimento. Possiamo però mutuare il concetto videoludico di difficoltà e trasferirlo alle competizioni calcistiche, coinvolgendo anche un indice di performance, nel nostro caso Playerank: un indice che misura la prestazione in campo e che si basa sulle singole giocate di ogni calciatore.

È una buona idea sulla carta, a patto di tenere conto di una considerazione fondamentale: se isolate dal contesto, le varie giocate con cui si calcolano gli indici di performance sono uguali in ogni competizione.

Le partite in Serie B o in Serie C non finiscono 18-13, e la distribuzione dei tipi di giocate è molto simile a quella delle categorie superiori. Le probabilità di osservare un passaggio filtrante corretto, un tiro in porta oppure un assist non sono diverse dalle probabilità corrispondenti nelle partite di Serie A: ne consegue che il Playerank score dei migliori giocatori di Serie A e di Serie B possa essere molto simile. Sappiamo però che il capocannoniere della Serie B non diventa quasi mai il capocannoniere della Serie A nell'anno successivo.

Il lettore starà già pensando a Dario Hübner, detto "Tatanka", bomber indimenticato degli anni novanta capace di segnare decine di gol in ogni categoria, Serie A compresa – nonché di fumare una sigaretta nell'intervallo fra il primo e il secondo tempo, che per quanto ci riguarda è l'autentica impresa da superuomo.

Pur avendo tutta la nostra ammirazione, però, trattiamo Hübner per quello che è dal punto di vista statistico – un meraviglioso *outlier* –, e ci concentriamo su tutti gli altri.

La letteratura scientifica non contiene molti esempi di ranking di competizioni per giochi di squadra. Il metodo più utilizzato è mutuato dai ranking di scacchisti, si chiama ELO e assegna un valore a ogni partita in base alle probabilità di vittoria calcolate prima dell'inizio della stessa. Vincere una partita in cui la probabilità di vincere è già alta vale meno che vincere una partita in cui si parte con il pronostico a sfavore. Ripetendo il calcolo su migliaia di partite i valori cominciano a stabilizzarsi, e il pronostico diventa il ranking.

Le squadre di Serie A, valutate con i metodi basati su ELO, hanno alta probabilità di vincere quando incontrano le squadre di Serie B o addirittura C.

Il problema di questo approccio è la rarità di questi scontri: le partite tra squadre di A e B sono al massimo una decina in una stagione – e con la prossima riforma della Coppa Italia saranno ancora di meno. I passaggi di giocatori da una competizione all'altra, però, sono molto più frequenti.

Così adottiamo questo punto di vista. Stilare un ranking delle competizioni prendendo in considerazione i calciatori che si spostano da una competizione all'altra, e alla rispettiva variazione nel Playerank score medio.

L'ipotesi di partenza, la seguente: se per i giocatori che passano dalla Serie B alla Serie A il Playerank relativo si abbassa in modo sistematico, allora la Serie A ha una difficoltà maggiore. Come nei videogiochi: sali di livello, e non arrivi più in porta saltando tutti gli avversari come birilli.

Per verificare la nostra ipotesi, poi, prendiamo in prestito un algoritmo dal settore dei motori di ricerca.

Sergey Brin e Larry Page hanno costruito l'impero di Google imparando a valutare l'autorevolezza di una pagina web. I risultati di ricerca di Google erano migliori della concorrenza grazie a un loro algoritmo, PageRank, che forniva (e fornisce tuttora) la risposta migliore alla ricerca dell'utente. In breve, PageRank funziona così: calcola l'autorevolezza di una pagina web in base a quante e quali altre pagine web hanno link che vi puntano.

Se l'assonanza tra le parole Playerank e PageRank

dovesse aver stuzzicato la curiosità del lettore, la risposta è sì: gli autori di Playerank si sono ispirati a PageRank per trovare un nome al loro algoritmo. D'altronde è difficile non ispirarsi a Google per chi ha iniziato a masticare di informatica nel ventunesimo secolo.

Quando facciamo una ricerca su un qualunque tema scientifico, storico, di cultura generale – per esempio, "teorema di Pitagora" – il primo risultato è il più delle volte una pagina di Wikipedia. Questo perché Wikipedia è la pagina con il valore PageRank più alto – ovvero, secondo l'algoritmo di Google, è la pagina più autorevole sull'argomento che stiamo cercando.

Il calcolo di questa autorevolezza è illustrato in figura 12. La maggior parte dei siti web che parla del teorema di Pitagora contiene link che puntano a Wikipedia.

Per questo Wikipedia diventa la fonte più autorevole, e diventa il primo risultato della ricerca.

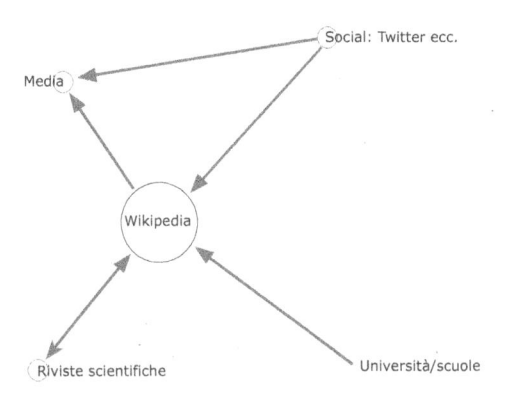

Figura 12. *Relazione tra i siti web espressa tramite i link in entrata e uscita. Quando facciamo una ricerca su un tema specifico, spesso il primo risultato viene da Wikipedia. Questo perché tante altre pagine esterne, e di diverso tipo, contengono link che puntano a Wikipedia.*

Partire da Google e il teorema di Pitagora per arrivare al bisonte Dario Hübner richiede una certa capacità di astrazione, ma noi ci proviamo lo stesso.

Mutuando il modello di PageRank, creiamo una rete in cui ogni nodo è una competizione calcistica. Ogni volta che un calciatore passa dalla Serie B alla Serie A e il suo Playerank medio si abbassa, aggiungiamo un link che va dal nodo "Serie B" al nodo "Serie A". In questo modo conferiamo "autorevolezza" alla Serie A, ovvero osserviamo come quel calciatore non sia riuscito a ripetere le stesse prestazioni una volta approdato in Serie A.

Ripetiamo questo processo per tutti i calciatori che hanno giocato in più campionati, e calcoliamo il PageRank.

In figura 13 possiamo vedere il risultato: il nodo più grande – UEFA Champions League – è quello con PageRank maggiore. La competizione più difficile, quindi, è la Champions League. A essere sinceri – com'era già successo con Messi e Ronaldo per la classifica dei calciatori – non è che occorresse chissà quale algoritmo per immaginare la risposta.

È anche vero, però, che ora che abbiamo il nostro algoritmo possiamo ordinare tutte le competizioni in base alla difficoltà, e avere una scala di riferimento per confrontare anche competizioni meno conosciute e lontane tra di loro. Con risultati alquanto interessanti – e, cosa ancor più importante, non arbitrari.

Per esempio, Bundesliga e Ligue 1 sono meno "difficili" rispetto a Champions League, Premier League inglese e Liga spagnola, mentre la Série A brasiliana è comparabile alla Bundesliga tedesca.

Inoltre, un modello di ranking delle competizioni è utile per confrontare meglio i dati dei calciatori che giocano in competizioni diverse.

Riassumendo, dal grafico si può vedere il rango di ogni competizione: più è grande il nodo e più la competizione è difficile. Il rango così ottenuto poi viene usato nella versione in "produzione" di Playerank, come fattore di ribilanciamento – in altre parole, se un giocatore di Serie B ha uno score alto, questo score viene ridotto in maniera automatica sulla base del rango del campionato Serie B. Questo, come abbiamo già detto, per evitare che 10 gol nella seconda divisione di un campionato non abbiano lo stesso valore di 10 gol nella massima divisione di un campionato.

Ciononostante, e anche questo è il bello del calcio, di tutti questi calcoli Dario Hübner se ne infischia. Lui vede una porta, la punta, e segna. Di quale categoria sia la porta, non è affar suo.

Il mestiere di Leonardo

Leonardo Nascimento de Araújo si ritirò definitivamente nel 2003.

L'unica certezza che abbiamo sul suo presente è che riguarda il calcio.

Una volta, una decina di anni fa, Diego Armando Maradona disse polemicamente che non riusciva a capire che mestiere facesse Leonardo, se il DS, il procuratore sportivo o il petroliere.

In effetti, dopo aver appeso gli scarpini al chiodo il nostro è stato allenatore, talent-scout, direttore sportivo e commentatore televisivo. Sul campo ha cominciato da terzino sinistro, poi è diventato mezzala, poi centrocampista centrale, poi esterno d'attacco, poi seconda punta. A quanto ne sappiamo, il portiere è l'unico ruolo che gli manca: a diciassette anni era talmente piccolo che lo chiamavano *ratinho*, topolino, per via del fisico esile e delle orecchie cospicue.

Nessuno direbbe che Leonardo si è adattato: in realtà Leonardo si è migliorato. È cresciuto, ha studiato (parla sei lingue, tra cui il giapponese) e non si è accontentato di quello che aveva a disposizione, che pure non era poco.

Troviamo curioso, e confortante, che il principio che ha seguito in carriera sia la stesso che abbiamo cercato di usare noi in questo capitolo: per valutare una organizzazione non basta contare solo quanti soldi ci girano attorno, ma bisogna guardare che persone ci sono dentro e come si comportano.

Il suo ruolo, mi spieghi qual è?

«Amedè, quante partite hai fatto in Serie A?»
«Trecentocinquanta, mister.»
«E quanti gol?»
«Quattro, mister.»
«Ecco, allora 'ndo cazzo vai? Torna subito in difesa.»

Dialogo tra Carlo Mazzone
e Amedeo Carboni

In una delle sue conferenze stampa travestite da spettacolo settimanale, Massimiliano Allegri ha spiegato così la sua visione del calcio: «Come nel basket, è un gioco semplice: si dà la palla al più forte e vediamo cosa combina».

In quel periodo Allegri allenava la Juventus e quando perdeva veniva accusato di qualsiasi cosa: gioco brutto, gioco lento, formazione sbagliata, sostituzioni tardive e ogni altra eventuale recriminazione passasse per la mente al commentatore di turno. Così, piuttosto di dover discutere di tecnica e tattica con i giornalisti, da buon livornese Allegri si è rifugiato nel gabbione.

Il gabbione è un campo da calcetto recintato da una rete metallica su tutti i lati, anche sopra, dove la palla non esce mai. A Livorno ogni stabilimento balneare ha un gabbione, e i tornei che vi si giocano sono un concentrato di tecnica negli spazi stretti e alta intensità.

In quel contesto c'è poco da disquisire su tattica o filosofia di gioco. Ogni giocatore non ha il tempo di pensare, e i compiti sono pochi ma semplici: togli la palla agli altri, e dalla al più forte. Per il più forte, invece, il compito è semplicemente quello di spedire la palla in fondo alla rete.

Il calcio moderno è un po' più complicato da descrivere, per chi chiama da fuori Collesalvetti e non è solito pasteggiare con il ponce.

Gli undici in campo hanno posizioni e funzioni diverse, i ruoli dei giocatori sono in continua evoluzione. I nomi con cui si identificano i ruoli cambiano di generazione in generazione, dando la sensazione a chi vive il calcio in curva o dal divano di un gioco sempre più ragionato e complesso. Oggi, se identificassimo Achraf Hakimi come un *fluidificante* verremmo guardati alla stregua di un telefono a gettoni. Il buon vecchio *centromediano metodista* sembra una qualifica da capo delegazione di una comunità hippie, se lo paragoniamo al ruolo che oggi ricopre Sergio Busquets. Non parliamo poi dell'antica diatriba sulla differenza tra *mezzapunta* e *trequartista*: non sapremo mai se sono la stessa cosa.

Per evitare di finire in discussioni eterne – per quanto siano piacevoli d'estate, condite con birra fresca – ci rifugiamo anche noi nei luoghi dove ci sentiamo al sicuro. Non nel gabbione livornese, data la nostra poca abilità "pedatoria", ma nel mondo dei dati.

Il ruolo di un calciatore può essere definito in modo analitico. In questo caso ci bastano due concetti, modellati a partire dai dati raccolti dopo ogni partita: *cosa* fa il calciatore in campo e *dove* lo fa. Analizzando i dati di un calciatore vogliamo dunque assegnare un nome alla funzione che ha svolto durante la partita.

Ci sono due approcci possibili per questo problema: definire dei giocatori-modello e raggruppare tutti gli altri in base al modello a cui assomigliano di più, oppure raggruppare prima i calciatori tra di loro in base alle loro somiglianze reciproche e poi dare un nome a ogni gruppo. Siccome abbiamo detto di voler evitare discussioni, scegliamo il secondo approccio. Altrimenti dovremmo decidere a priori dei giocatori-modello per ogni ruolo, procedura che richiede un iter parlamentare apposito.

La somiglianza, o se preferite termini dal sound più matematico, la similarità, è un concetto che ricorre spesso nel calcio.

A Maurizio Pistocchi, uno dei giornalisti storici del calcio italiano, ancora rinfacciano il paragone che fece tra Alessio Cerci e Arjen Robben. In effetti, un raffronto infelice se si guarda alla carriera che questi due giocatori hanno avuto: l'italiano non è mai riuscito a decollare, mentre Robben in carriera ha messo in bacheca un bel numero di trofei, in particolare con Real Madrid e Bayern Monaco.

Ma, in questo caso, la confusione che fanno i critici è quella tra similarità quantitativa e qualitativa. Cerci faceva le stesse cose di Robben, con le stesse intenzioni, ma con risultati decisamente peggiori.

La guerra delle opinioni sui calciatori simili rischia di portarci fuori tema, per questo preferiamo concentrarci sui dati simili. Il lettore più navigato sa già che stiamo facendo il giro largo per poi piombare su uno dei metodi più utilizzati da chi fa data science: il *clustering*, pilastro delle tecniche di apprendimento non supervisionato. Lo abbiamo visto anche nel processo di creazione di Playerank.

La mente umana ragiona spesso per similarità, che però è concetto difficile da far capire a un calcolatore. Per riuscirci, bisogna ricorrere a un altro concetto, quello di prossimità. La prossimità spaziale in effetti ha il vantaggio di essere misurabile, calcolabile: è qualcosa di "comprensibile" anche da un computer.

Quando alla cassa del supermercato mancano i separatori "prossimo cliente", riusciamo comunque a distinguere la nostra spesa da quella del cliente che ci precede. I nostri prodotti sono raggruppati insieme, poi di solito c'è uno spazio vuoto sul nastro trasportatore, quindi iniziano quelli dell'altro cliente. La cassiera è in grado di capire quando finiscono i prodotti di un cliente perché a un certo punto incontra uno spazio vuoto. Quello spazio vuoto fa sì che il prodotto che segue sia più vicino al gruppo dei prodotti del cliente successivo che non al gruppo dei prodotti di quello precedente. Grazie alla capacità di selezione della cassiera, e alla disposizione precisa dei gruppi di prodotti, nessun cliente tornerà a casa con la spesa sbagliata.

In questo momento, sui campi di calcio, noi siamo nella stessa condizione degli addetti alle casse con il nastro pieno di prodotti: prima di sapere quanti clienti diversi hanno appoggiato la loro spesa, dobbiamo prima identificare i gruppi di prodotti. Noi cerchiamo calciatori appartenenti allo stesso gruppo, ovvero simili tra di loro e allo stesso tempo diversi da quelli degli altri gruppi. Per definire questa similarità useremo la distanza tra oggetti in uno spazio – anche se uno spazio un po' diverso, però, da quello di un nastro di cassa del supermercato.

La distanza tra due calciatori si misura sul campo. Playerank infatti, come abbiamo spiegato nel capitolo "Maradona è megli'e Pelé", utilizza la posizione media in campo per riconoscere il ruolo di un calciatore. Ora andiamo ad approfondire questo concetto, misurando la distanza tra calciatori anche in base a *cosa* fanno in campo, oltre che a *dove* lo fanno. Perciò il profilo analitico del calciatore può essere diviso in due parti:

- *profilo spaziale*: la percentuale di tocchi di palla in ogni zona del campo, immaginando il campo diviso in una griglia 5x5

- *profilo tecnico*: la percentuale di giocate in base al tipo. I tipi di giocata che consideriamo sono:
  - Tiri, conclusioni a rete (*foot finalization*)
  - Tiri da calcio di punizione o rigore (*freekick finalization*)
  - Passaggi lunghi (*long pass*)
  - Passaggi corti (*short pass*)
  - Cross (*cross*)
  - Passaggi filtranti (*key pass*)
  - Duelli aerei (*air duel*)
  - Duelli difensivi (*defensive duel*)
  - Duelli offensivi (*dribbling*)
  - Palloni intercettati (*intercept/clearance*)
  - Parate (*goalkeeping*)

La creazione del profilo è analoga per entrambi i casi. Per ottenere il profilo spaziale, calcoliamo la percentuale di giocate associate al calciatore per ogni cella della griglia in cui il campo è suddiviso. Raggruppiamo quindi i calciatori cercando di trovare quelli che hanno percentuali di presenza simili in ogni zona di campo. Una volta individuati i gruppi simili, andiamo ad analizzare come sono fatti, ovvero quali sono le caratteristiche che li contraddistinguono.

Usiamo lo stesso metodo anche per il profilo tecnico del calciatore.

Questa procedura di raggruppamento si chiama *clustering*: usa come input tutte le percentuali di presenza in ogni zona per ogni calciatore, restituisce come output i gruppi di calciatori simili tra di loro, i *cluster*.

Il termine *cluster* è diventato famoso, nostro malgrado, dal marzo 2020 in poi. Il concetto che stiamo usando adesso è proprio quello: immaginate di disegnare con un punto su una mappa la residenza di ogni persona risultata positiva al coronavirus. Una zona in densa di punti viene chiamata cluster. Quei punti sono simili dal punto di vista spaziale, perché sono molto vicini tra di loro e distanti da tutti gli altri. Il principio è lo stesso della cassa del supermercato da cui siamo partiti.

La distanza tra due oggetti, siano essi mozzarelle o case, sappiamo tutti come misurarla. Farlo su di un piano cartesiano è un po' più complicato, ma nemmeno troppo: il teorema di Pitagora lo conosciamo tutti, e con quello possiamo calcolare la distanza tra due punti. Curiosità: questa distanza si chiama "distanza euclidea", pur essendo fondata sul teorema di Pitagora. Un po' come Eriberto, brasiliano del Chievo Verona, che in realtà si chiamava Luciano.

Nel nostro caso, però, il piano avrà più di due dimensioni: il profilo spaziale del calciatore è una griglia 5x5, ha dunque 25 dimensioni perché 25 sono gli elementi che compongono il profilo. Il profilo tecnico ha invece 11 dimensioni. Possiamo ancora utilizzare la distanza euclidea su dati a dimensioni maggiori di due, il principio è lo stesso, solo più difficile da visualizzare nella nostra mente, rispetto alla distanza tra punti su un piano a due dimensioni.

Ora che sappiamo come calcolare quanto sono vicini due profili, iniziamo a raggruppare. L'algoritmo che utilizziamo per il clustering ci richiede un ulteriore parametro: il numero di gruppi che vogliamo creare. Il lettore, ci sembra di vederlo, ha già pronta la domanda: «E come faccio a sapere *prima* quanti sono i ruoli tipici? Sto usando i dati proprio perché non lo so, diamine!». Il lettore del Centro Italia potrebbe anche aver sostituito "diamine" accostando più esplicitamente entità sacre a faune varie ed eventuali.

Per fortuna, ci sono metodi che ci aiutano a capire qual è il numero ottimale di gruppi. Uno di questi utilizza una sorta di concetto di "confusione": sulla cassa del supermercato, quanti prodotti possono essere confusi tra un cliente e l'altro? Se i clienti raggruppano bene le loro cose, ogni prodotto sarà più vicino al gruppo a cui appartiene, rispetto a qualsiasi altro gruppo. Se però una bottiglia di birra rotola via e si ferma a metà tra due gruppi, diventa un problema assegnarla a uno dei due.

Ecco dunque il modo per trovare il numero ottimale di ruoli tra i nostri dati di calciatori: si calcolano più raggruppamenti possibili e si sceglie quello in cui c'è meno confusione.

Seguendo questo criterio, abbiamo rilevato che il numero di cluster per i profili spaziali che genera meno confusione è 6.

Eccoli illustrati nelle figure di seguito.

Spatial cluster 0 (Mohamed Salah, N. Pépé, G. Di Lorenzo, ecc.)

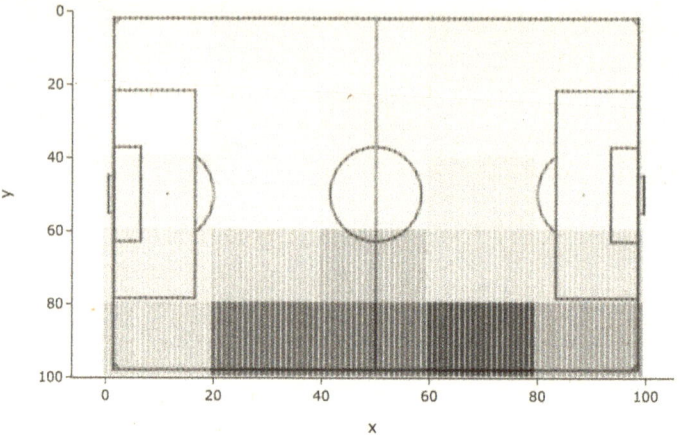

Figura 14

Spatial cluster 1 (J. Oblak, M. Maignan, David Soria, ecc.)

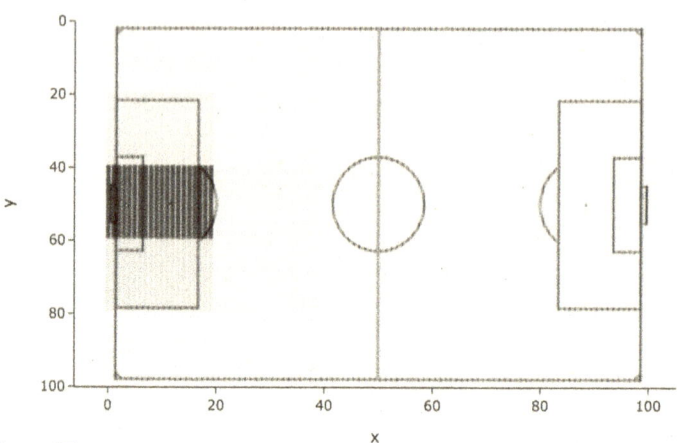

Figura 15

Spatial cluster 2 (C. Immobile, Cristiano Ronaldo, D. Zapata, ecc.)

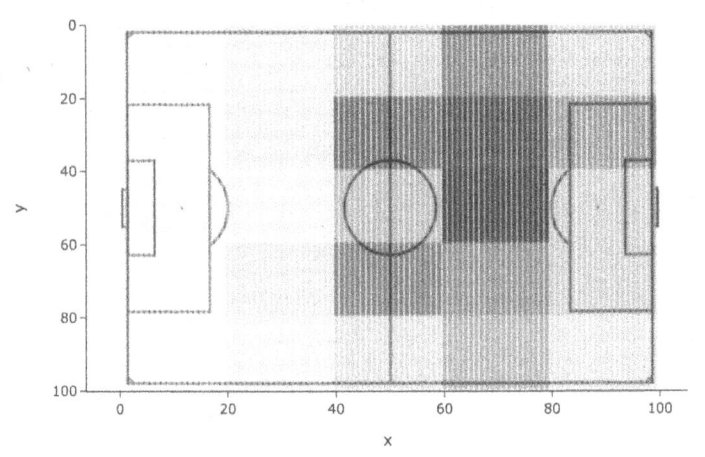

Figura 16

Spatial cluster 3 (J. Tarkowski, C. Coady, Y. Tielemans, ecc.)

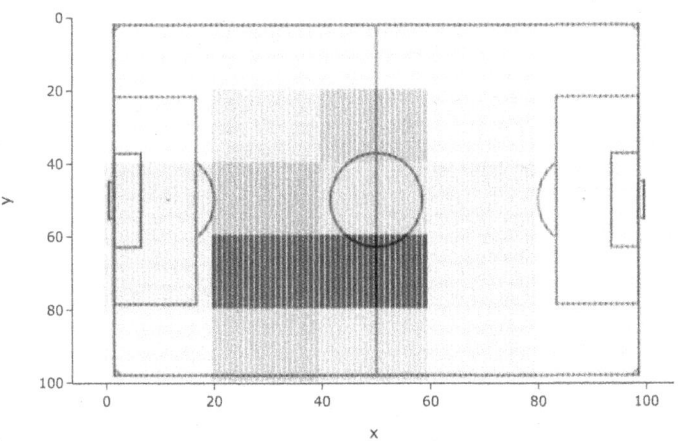

Figura 17

Spatial cluster 4 (L. Dunk, F. Acerbi, H. Maguire, ecc.)

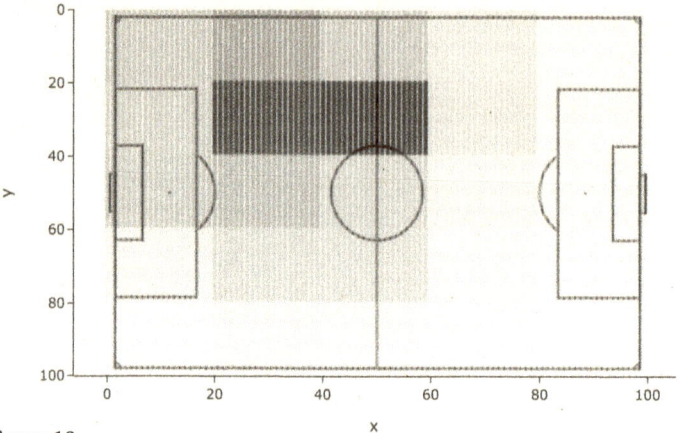

Figura 18

Spatial cluster 5 (L. Insigne, J. Bamba, A. Robertson, ecc.)

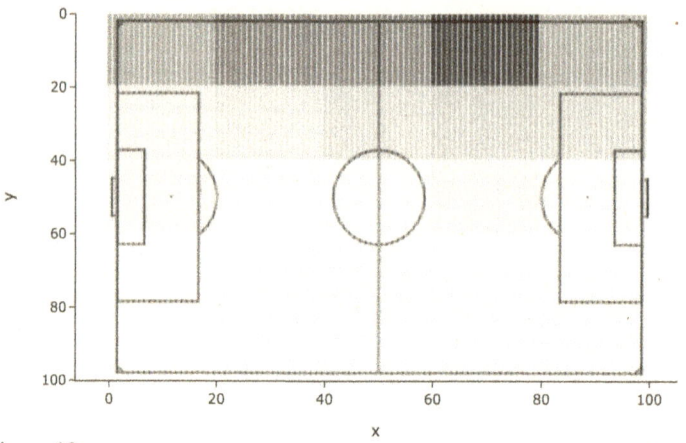

Figura 19

Figure 14-19. *Le posizioni in campo dei sei profili (cluster) tipici calcolati tramite clustering. Ogni calciatore viene assegnato a uno dei profili in base alle posizioni che occupa in campo. Per ogni cluster sono indicati anche i calciatori con Playerank score totale più alto appartenenti al cluster.*

La profilazione ottimale delle posizioni in campo dei calciatori si rivela più essenziale del previsto. Non sembrano esserci profili particolari o esotici, piuttosto il clustering sembra andare nella direzione indicata da Allegri: il calcio tutto sommato è un gioco semplice. Oltre ai portieri (cluster 1) la profilazione spaziale individua quattro profili di calciatore: gli esterni (cluster 0 e 5), gli interni "arretrati" (cluster 3 e 4), e i giocatori che giocano più vicino alla porta avversaria (cluster 2).

Forse non sarà la suddivisione ideale da un punto di vista concettuale, ma lo diventa nel momento in cui si usa come dato di input la presenza del calciatore in ogni zona di campo secondo la griglia con cui abbiamo rappresentato il campo di gioco.

Il clustering sui profili tecnici è ancora più "allegriano". Il numero ottimale di cluster qui è 3.

Nella figura 20 sono riportati i valori rappresentativi dei tre cluster relativi ai profili tecnici. I valori di ogni attributo indicano lo scostamento rispetto ai valori medi.

Nonostante il nostro algoritmo sia scritto in linguaggio Python e non in Livornese, il risultato finale ci sembra di sentirlo pronunciato proprio dal nostro Allegri: il calcio è un gioco semplice, dove i giocatori si dividono in tre gruppi. I *portieri* (cluster 2), *quelli con i piedi buoni* (cluster 1) e *quelli che inseguono gli avversari* (cluster 0) per poi portare la palla a quelli con i piedi buoni.

Il cluster 2 ha valori molto più alti della media per parate (*goalkeeping*) e passaggi lunghi (*long pass*). A questo cluster appartengono infatti i portieri. Va detto che per riconoscere

Profili tecnici - Valori espressi come differenza rispetto alla media

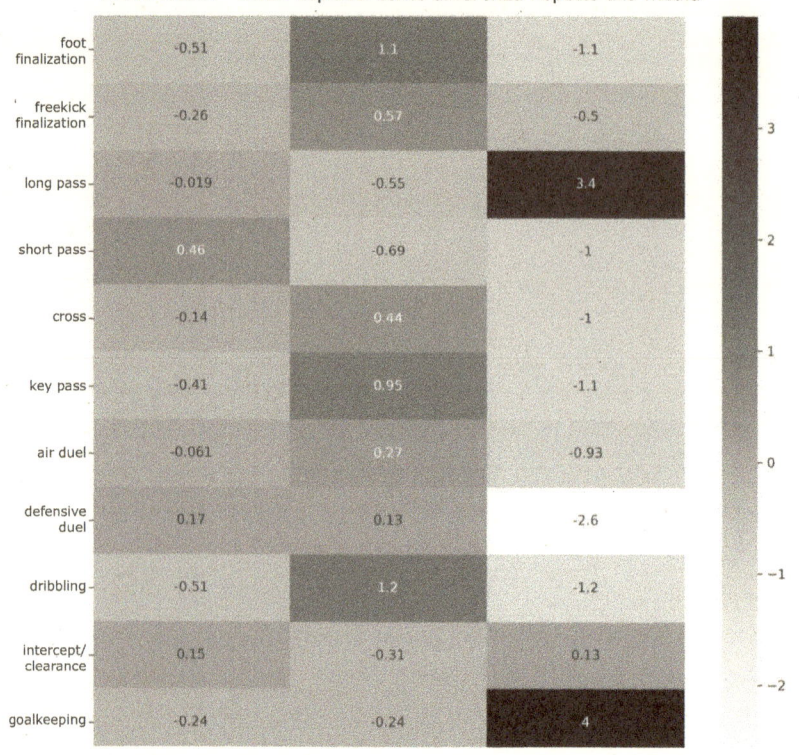

foot finalization	-0.51	1.1	-1.1
freekick finalization	-0.26	0.57	-0.5
long pass	-0.019	-0.55	3.4
short pass	0.46	-0.69	-1
cross	-0.14	0.44	-1
key pass	-0.41	0.95	-1.1
air duel	-0.061	0.27	-0.93
defensive duel	0.17	0.13	-2.6
dribbling	-0.51	1.2	-1.2
intercept/clearance	0.15	-0.31	0.13
goalkeeping	-0.24	-0.24	4

Figura 20. *Valori di riferimento per i profili tecnici. I valori sono espressi come variazione rispetto alla media.*

un portiere non c'è bisogno di troppi calcoli, si presenta già ben riconoscibile in campo. In questo caso però stiamo riconoscendo i portieri a posteriori, dopo aver osservato le loro giocate. Il cluster 1 ha valori più alti della media per duelli offensivi (*dribbling*), passaggi filtranti (*key pass*) e tiri in porta (*shot/freekick finalization*).

Ora che abbiamo un modello che profila i calciatori in base al tipo di giocate che effettuano in campo, possiamo estendere l'analisi alle relative squadre, e vedere quali tipi di giocatori utilizzano di più.

Dato per buono che di giocatori del cluster 2 in campo non ne avremo mai più di due (mettere quattro portieri tra i pali aiuterebbe indubbiamente a non prendere gol, ma purtroppo è contro il regolamento), etichettiamo i giocatori del cluster 1 come *costruttori* di gioco – coloro che effettuano le giocate decisive in avanti – e il cluster 0 come *interruttori* di gioco – coloro che cambiano la direzione del gioco, riprendendo palla quando è degli degli avversari e avviando la manovra verso i costruttori. In questo modo siamo in grado di osservare quanti calciatori di ogni tipo sono mediamente schierati da ogni squadra della Serie A 2020/2021.

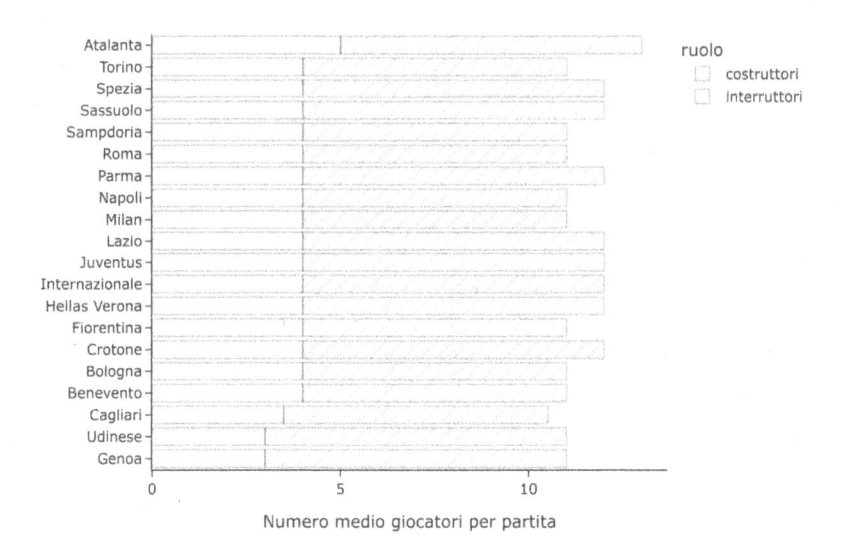

Figura 21. *Tipi di ruolo utilizzati in media da ogni squadra nella stagione di Serie A 2020/2021.*

Il numero medio di costruttori per squadra è molto simile tra le squadre di Serie A, con qualche eccezione: l'Atalanta di Gasperini, unica ad avere mediamente 5 costruttori in campo in ogni partita, e l'Udinese e il Genoa, che si affidano un po' di più agli interruttori. Il numero di calciatori schierati tiene conto anche dei subentrati, tuttavia i calciatori con pochi minuti (e poche giocate) registrati non vengono considerati. Quindi l'Atalanta è anche la squadra che ha concesso più minuti a un numero più elevato di calciatori.

Possiamo andare nel dettaglio e osservare chi sono stati i costruttori e gli interruttori dell'Atalanta.

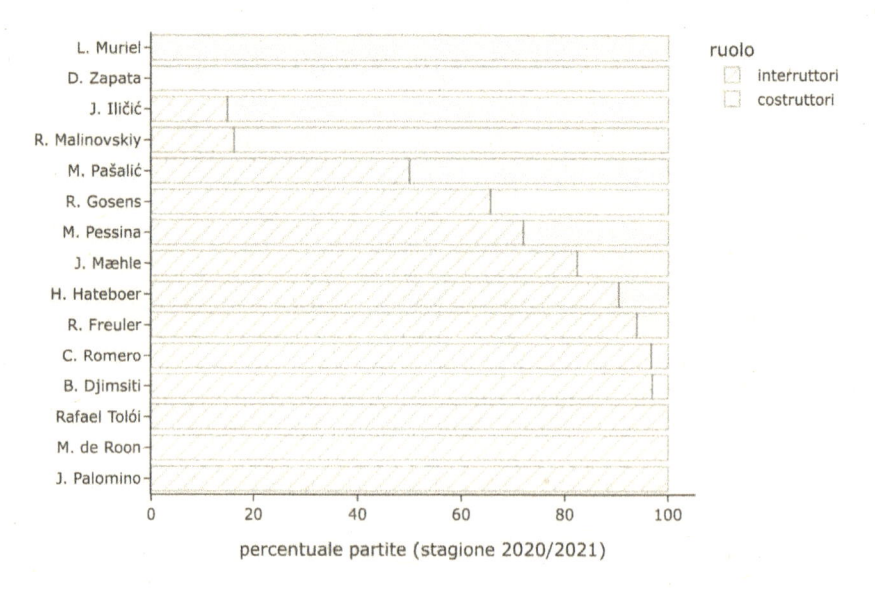

Figura 22. *Costruttori e interruttori dell'Atalanta nella stagione di Serie A 2020/2021 (minimo 15 presenze). Nel grafico sono escluse le partite per cui il giocatore viene riconosciuto nel cluster "portieri".*

Nella figura 22 è indicata la percentuale di partite disputate in ogni ruolo per i giocatori dell'Atalanta. Come confronto, andiamo a vedere gli stessi valori per i giocatori della capolista, l'Inter (figura 23).

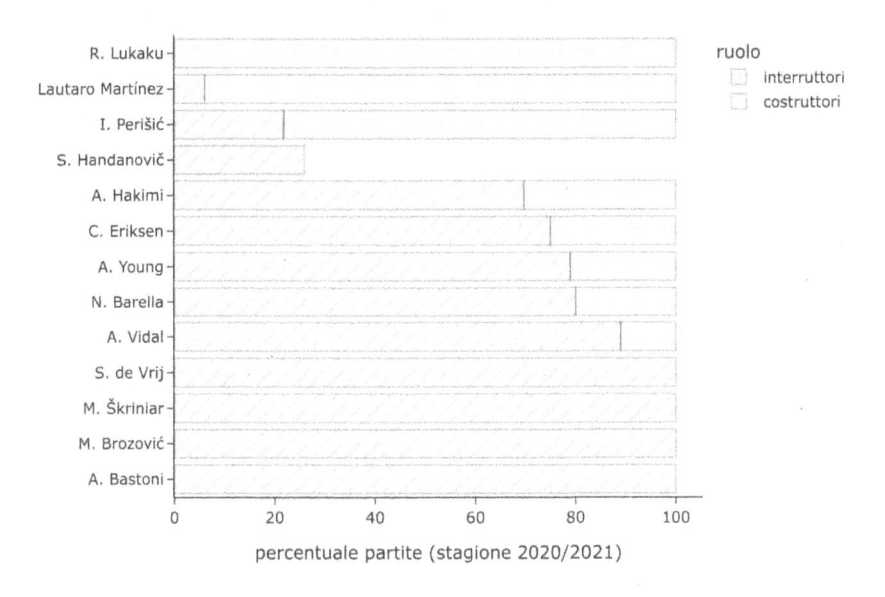

Figura 23. *Costruttori e interruttori dell'Inter 2020/2021 (minimo 15 presenze). Nel grafico sono escluse le partite per cui il giocatore viene riconosciuto nel cluster "portieri".*

Prima differenza: Samir Handanović. L'algoritmo identifica il portiere interista nel ruolo di *interruttore* in oltre il 20% delle partite giocate. Questo significa che le sue giocate si sono avvicinate di più a quelle di un difensore e sono più distanti da quelle tipiche dei portieri. Ovvero, ci sono partite in cui Handanović ha fatto poche parate e pochi lanci lunghi – tratti distintivi del ruolo di portiere – e più giocate di tipo *short pass* e *intercept/clearance,* cioè passaggi brevi e interventi difensivi a interrompere il gioco avversario. Un portiere più partecipe al gioco della squadra, insomma. La tendenza ad avere un portiere "di movimento" si sta d'altronde facendo strada nel calcio europeo, soprattutto nelle squadre di alta classifica: il portiere partecipa al gioco per creare superiorità numerica nella propria metà campo, e sempre meno ricorre al lancio lungo.

Quelli che abbiamo visto sono alcuni esempi semplici delle informazioni che possiamo ottenere dai dati. Senza i dati, per ottenere le stesse informazioni avremmo dovuto guardare *tutte* le partite dei campionati europei. Ci avremmo messo molto più tempo, e avremmo dovuto affrontare divorzi e separazioni.

Certo, è probabile che un allenatore o un osservatore calcistico necessiti, per il lavoro che fa, di profili più approfonditi, ma il nostro obiettivo era un altro: l'informazione relativa al ruolo di ogni calciatore ora è generata a partire dai dati, in modo automatico. I dati, agnosticamente, descrivono solo cosa è successo in campo e dove è successo. Da quelli, siamo in grado di riconoscere il ruolo di ogni giocatore. Un risultato mica da poco.

Con gli stessi dati, per esempio, oggi si possono generare automaticamente cronache delle partite. I principali siti web di informazione sportiva non usano più dei giornalisti per raccontare la partita in tempo reale: c'è già un software che lo fa.

Beninteso, un algoritmo non sarà in grado di sostituire Gianni Mura. Ma per quale motivo al mondo dovremmo chiedere a un qualsivoglia robot o umanoide di sostituire Gianni Mura?

Giochi di ruolo

Il mio ruolo nell'esercito?
Ostaggio, in caso di guerra.
Woody Allen

Che cosa hanno in comune l'inglese Tony Read e il paraguaiano José Luis Chilavert?

Principalmente, entrambi hanno segnato una tripletta. Tre gol in una singola partita.

Ma, dirà il lettore, la cosa non è così strana. Ci sono decine di calciatori professionisti ad aver segnato una tripletta nella massima serie di un campionato di calcio.

Vero. Ma c'è un'altro fatto che rende la prestazione di questi due giocatori notevolmente più inusuale. Entrambi, infatti, erano portieri.

Chilavert, portiere del Paraguay specialista dei calci piazzati, in carriera segnò 67 reti, cosa che lo rende il secondo portiere più prolifico della storia rispetto ai suoi colleghi – l'unico più cattivo è il brasiliano Rogério Ceni, che ha al suo attivo 131 gol fra rigori e punizioni. Ma Ceni non ha mai realizzato una tripletta, impresa che invece riuscì al paraguaiano il 28 novembre 1999, in Vélez Sarsfield-Ferro Carril Oeste, grazie a tre rigori assegnati alla sua squadra (il Vélez) e puntualmente trasformati.

Tony Read, invece, arrivò al Luton Town nel 1965 con un infortunio che gli impedì di giocare in porta nella prima parte della stagione, per cui disputò in attacco 33 delle sue prime 46 partite. Fu così che il 20 novembre del 1965, contro il Notts County, Read realizzò tre gol: solo il primo di questi su punizione, gli altri furono un sinistro dopo aver messo a sedere con un dribbling un difensore e una incornata in tuffo. Nella stagione successiva la vena realizzativa si esaurì, e da professionista quale era Read ritornò fra i pali, a dare il suo contributo alla causa, rimanendo lì dal 1966 fino al 1972, quando decise di ritirarsi.

Roba d'altri tempi? Mica tanto.

Nel 2015, dopo aver vinto con largo anticipo la Bundesliga con il Bayern Monaco, Pep Guardiola nelle ultime partite avrebbe voluto provare a centrocampo il portiere, Manuel Neuer, sostenendo che a livello tecnico era dotato almeno quanto i suoi colleghi. «Fu veramente difficile dissuadere Pep dal provarci per davvero, ma lo convincemmo dicendogli che la cosa avrebbe potuto essere interpretata come un atto di arroganza» ricorda Karl-Heinz Rummenigge, allora presidente del club bavarese. «Ma resto comunque convinto che Manuel avrebbe fatto benissimo a centrocampo: le doti le aveva.»

La via dell'essere è il fare

A volte, come abbiamo visto, è difficile decidere in quale posizione un giocatore renda meglio. In realtà, però, a partire dai dati non è semplice nemmeno capire in che ruolo effettivamente gioca un giocatore.

Come distinguere, dati alla mano, un "interruttore" di gioco come Tomás Rincón da un regista come Rolando Mandragora?

Come abbiamo visto, un primo approccio potrebbe essere quello di chiedersi *cosa* fanno questi giocatori, oltre che *dove* lo fanno. Seguendo un noto filosofo statunitense, Forrest Alexander Gump, «centrocampista è chi il centrocampista fa».

Ci siamo chiesti, quindi: dove (e come) prende possesso della palla il giocatore in questione, e dove (e come) la cede? Un centrocampista di rottura conquista spesso il pallone strappandolo dai piedi di un avversario, mentre un regista lo riceve da un compagno con un passaggio. Al tempo stesso, che cosa fa il giocatore quando ha la palla fra i piedi? Un passaggio corto e facile, un lancio lungo e difficile, o percorre qualche metro in attesa che il compagno si smarchi?

Qui salta fuori una prima difficoltà. Cosa fa un giocatore, infatti, non dipende solo dal giocatore stesso.

Il ruolo di un giocatore non è mai avulso dal comportamento degli altri giocatori, e lo stesso calciatore può ritrovarsi a essere più efficace come centrocampista offensivo in una squadra e come centrocampista arretrato in un'altra.

Johan Cruijff, uno che di passaggi a centrocampo ne sapeva qualcosina, nella sua autobiografia scrive: «Ci vuole concentrazione se giochi a calcio in modo posizionale, con nuovi triangoli che si formano in continuazione, in modo che il giocatore con la palla abbia sempre a disposizione due possibili passaggi. *Non è il giocatore con la palla che decide dove va, ma quelli che la palla non ce l'hanno*. Dove e come corrono gli altri determina il passaggio successivo» (corsivo nostro).

Ed eccoci al problema. I dati che abbiamo a disposizione

ci dicono cosa succede nei dintorni della palla, ma non cosa stia capitando a dieci, venti o quaranta metri. Dobbiamo cercare di capire cosa succede e perché succede usando i dati che abbiamo: principalmente i passaggi, i viaggi della palla da corpo a corpo. Sono gli unici dati che ci dicono in quale posizione si trovano due giocatori.

Catene che liberano gli attaccanti

C'è una cosa che l'analisi dei dati nel calcio mostra con chiarezza: esiste una catena di correlazioni tra il numero di passaggi che una squadra fa nel corso di una partita con il numero di gol. In pratica, più passaggi fa una squadra, più gol segna.

È un catena di correlazioni a due anelli, che parte da un'idea piuttosto intuitiva: più tiri, più fai gol. In realtà, la cosa di cui siamo certi è il contrario – se non tiri, non fai gol –, ma ci suona piuttosto sensato che il numero di reti sia direttamente proporzionale al numero di tiri che una squadra fa. E questo è effettivamente vero.

La correlazione statistica, come si vede nella figura 24, è convincente: squadre che tirano molto, come Atalanta, Manchester City e Napoli, fanno in media da 2 a 3 gol a partita, mentre squadre che tirano poco, come Cádiz e Sheffield United, ne fanno poco più di mezzo.

In che modo, però, si arriva a tirare?

Le opzioni sono due: a) alla fine di un certo numero di passaggi, un giocatore riceve un assist e tenta la conclusione, oppure b) abbiamo Maradona in squadra che prende la palla a centrocampo, ne dribbla 6 e segna.

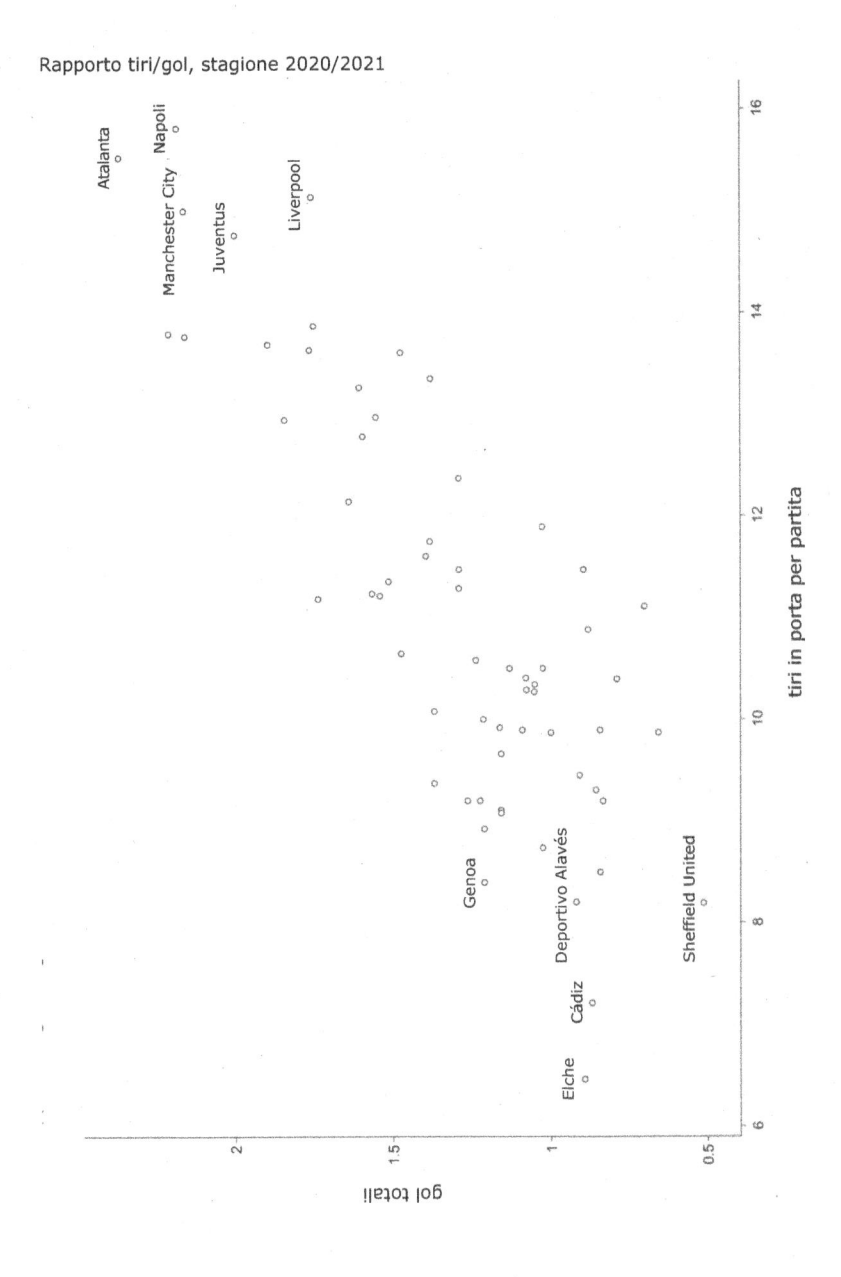

Figura 24. *Un esempio di correlazione tra numero medio di tiri e numero medio di gol segnati per partita durante la stagione 2020/2021.*

L'opzione b), purtroppo, non è praticabile; in generale, secondo le statistiche, il tiro arriva alla fine di una serie di passaggi che vanno tutti a buon fine – basta sbagliarne uno e il possesso cambia, non conta che i precedenti 42 fossero precisi. Possiamo quindi aggiungere un anello alla nostra catena di correlazioni:

Numero di passaggi precisi → numero di tiri → numero di gol.

A questo punto possiamo chiederci cosa bisogna fare per avere a disposizione in squadra di un numero elevato di passaggi precisi.

Anche qui, le opzioni sono due: mettere sotto contratto Andrea Pirlo, dicendogli di non confondersi con gli allenatori e di tornare a fare ciò che sapeva fare veramente bene, oppure fare passaggi più corti.

La precisione di un passaggio, infatti, dipende moltissimo dalla distanza che separa due giocatori: è una relazione – o, per usare il linguaggio matematico, una funzione – che non è monotòna crescente, ovvero non diminuisce con il diminuire della distanza. Il motivo è abbastanza intuitivo: passaggi di un metro o due avvengono in situazioni molto affollate, come triangolazioni strette in area di rigore o smarcamenti vicino alla riga di fallo laterale, e sono molto più difficili di un passaggio di venti metri tra due difensori. Per cui, se andassimo a mettere su un grafico "distanza del passaggio" sull'asse orizzontale, e "numero di passaggi riusciti" su quello verticale, non otterremmo affatto una retta, ma una campana slabbrata da un lato.

Quello che possiamo fare, invece, è contare il numero di passaggi corti, ovvero quelli lunghi meno di 20 metri (la distanza alla quale si ha il massimo della precisione), e provare a vedere se c'è una relazione lineare tra la percentuale di passaggi corti rispetto al totale – per ogni squadra – e l'accuratezza del passaggio. In effetti, come si vede dalla figura 25, tale relazione è una bella retta piuttosto stretta.

Rapporto passaggi corti / totale passaggi accurati, stagione 2020/2021

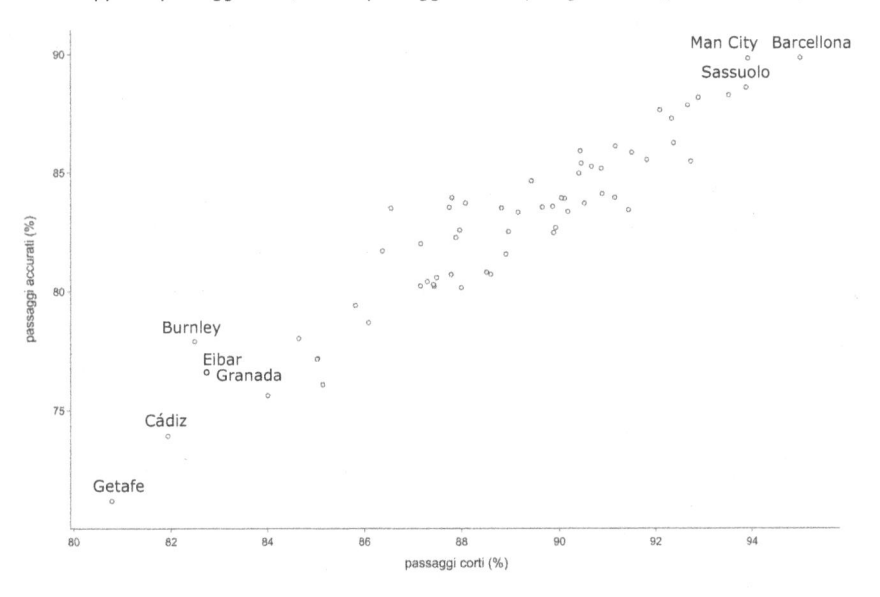

Figura 25. *Correlazione percentuale media di passaggi corti per partita e percentuale media di passaggi a segno per partita durante la stagione 2020/2021.*

Abbiamo quindi la nostra catena di correlazioni lineari, dal passaggio al gol:

Tanti passaggi corti → parecchi passaggi accurati → elevato numero di passaggi → gran numero di tiri → elevato numero di gol.

A questo punto sembrerebbe che abbiamo capito qualcosa. Ma non lasciamoci ingannare. In realtà, quello che abbiamo fatto è misurare qualcosa, non capirlo. Abbiamo ottenuto una serie di correlazioni, ma uno dei mantra della statistica dice «mai confondere una causa con una correlazione». Se due dati sono in relazione l'uno con l'altro, ci sono due possibilità: o uno dei due causa l'altro, oppure c'è una causa comune che ci sfugge.

Se contassimo, mese dopo mese, il numero di gelati venduti e il numero di ettari di boschi che vengono distrutti da un incendio, vedremo che tra loro c'è una relazione lineare spettacolare: più gelati si vendono, più boschi bruciano. O viceversa.

Forse, si sarebbe tentati di dire, nei gelati è presente una pericolosa molecola aromatica in grado di renderci piromani, oppure il piromane medio, dopo aver appiccato un incendio, sente il bisogno di un cono fiordilatte e fragola per rinfrescarsi un po'.

In realtà, non è nessuna delle due. Semplicemente, alle spalle di entrambi c'è una causa comune: l'estate.

La principale differenza tra causa e correlazione è che se cambio una causa ottengo un cambiamento nell'effetto, ma se cambio una correlazione non è detto. Anche intuitivamente, smettere di vendere gelati non avrebbe molti effetti sugli incendi boschivi – o magari sì, ma tramite meccanismi decisamente indiretti. Magari li aumenterebbe addirittura.

Noi non vogliamo correlazioni. Vogliamo cause, cioè situazioni sulle quali possiamo agire in modo efficace, comportamenti che possiamo cambiare. E il fatto di avere trovato una correlazione tra tanti passaggi corti, una buona accuratezza di passaggio e un un gol segnato, non significa, automaticamente, che adottare una tattica del genere sul campo si traduca poi in un elevato numero di gol.

Un passaggio corto a un mio compagno può avere due motivazioni alla sua origine: a) sono un medianaccio che ha il compito di sbarbare la palla dai piedi dell'avversario e consegnarla a un compagno con i piedi migliori, o b) nessuno dei miei compagni in avanti è libero, accidenti a loro.

Non possiamo semplicemente dire ai nostri giocatori «fate passaggi più corti, e fatene tanti»: rischiamo di ottenere una squallida melina a centrocampo.

Per cui, mediamente, quando una squadra fa molti passaggi corti e questo si traduce in un elevato numero di gol, ciò solitamente significa che quella squadra fa molto movimento senza palla e che i suoi giocatori fanno in modo di trovarsi sempre smarcati, in maniera che chi ha la palla abbia almeno due opzioni per passare e attuare una triangolazione efficace.

Ecco fare il suo ingresso quella che potrebbe essere una causa comune: il modo in cui i giocatori si muovono in campo.

Forse, cercare di capire il gioco solo attraverso le distanze e l'accuratezza di un passaggio non ci permette molto di più che osservare lo *status quo*, senza alcuna prospettiva di poter cambiare le cose.

E allora è il momento di guardare in un'altra direzione: ovvero verso ciò che il possesso palla, nel suo complesso, permette di creare – le azioni.

Come definire un'azione

Un grande classico del gioco all'italiana. La squadra conquista palla tra difesa e centrocampo, e improvvisamente si riversa in direzione della porta avversaria. Sorpresa, velocità, gol. Ma se lo chiamavano contropiede, Arrigo Sacchi si imbestialiva. Quelle erano ripartenze.

La differenza, secondo Arrigo, era questa: chi fa contropiede subisce il gioco altrui, chi gioca sulle ripartenze in realtà il gioco lo impone. Chi fa contropiede spera che l'avversario perda la palla da qualche parte, chi fa una ripartenza cerca di fare di tutto per levargli la palla lì, proprio lì e non altrove.

Secondo alcuni, Sacchi era un genio; secondo altri, era un millantatore. Noi ci limitiamo a osservare che il Milan di Sacchi (1987-1991) è stata l'unica squadra ad aver vinto più Coppe dei Campioni che scudetti, e che guardarla giocare era uno spettacolo unico. Non ti chiedevi se avrebbero vinto, ma quando avrebbero fatto il primo gol.

A noi spettatori di calcio, ma anche agli allenatori e ai giocatori, viene piuttosto naturale suddividere il gioco in azioni quando si tratta di descrivere come gioca una squadra; è una visione alternativa sicuramente meno completa di quella che analizza lunghezza e posizione di ogni singolo passaggio, ma probabilmente più vantaggiosa per il cervello umano. Non sempre è vero che più dettagliato sei, e meglio è: nel 2000, quando iniziarono a circolare i primi film porno girati in HD, ci fu una vera e propria rivolta degli utenti, a seguito della scoperta che molte delle loro star più amate avevano la cellulite – cosa che in bassa definizione non si percepiva.

Detto questo, distinguere un contropiede da una ripartenza è sicuramente una questione di definizione. Se voglio riconoscere qualcosa, prima devo descriverlo, definirlo, dire che cos'è e cosa non è.

In matematica, spesso si procede per definizioni: un poligono è una parte di piano delimitata da una linea spezzata chiusa, una circonferenza è il luogo geometrico di tutti i punti equidistanti da un unico punto fisso detto centro, eccetera eccetera. Nell'analisi dei dati, si fa qualcosa di un pochino diverso.

Pelo, coda, fusa. A cosa pensate se leggete queste parole? Probabilmente, a un gatto. Non so se pensate a un gatto particolare, o al concetto di gatto in generale.

E se alla parola "fusa" sostituisco la parola "padrone"? Pelo, coda, padrone. Non è più un gatto, vero? Adesso è un cane.

Molte caratteristiche tra i due animali sono comuni, ma alcune sono presenti solo nel gatto (fusa), mentre altre il gatto non le ha per sua natura (padrone). Grazie alla presenza di alcune parole comuni siamo in grado di dire che certe di queste si riferiscono ad animali (pelo, coda) mentre altre ci permettono di distinguere tra animali diversi (fusa, padrone). Il fatto, però, è che "il gatto" non esiste. Esiste una categoria (*Felis catus*) dentro la quale noi esseri umani raggruppiamo tutti gli esseri viventi veri o di fantasia che hanno determinate caratteristiche in comune – hanno il pelo, la coda, fanno le fusa, usano la lettiera, sono lunghi dai trenta ai sessanta cm, hanno unghie retrattili, hanno le orecchie a punta, e così via. Il genere "gatto" non ha un corrispettivo nella realtà fisica, è solo un contenitore del nostro cervello. Esistono tanti gatti, che noi siamo in grado di riconoscere come appartenenti a una categoria che ci siamo inventati noi, per comodità.

Torniamo di nuovo al clustering, usandolo però per scoprire gli elementi caratteristici di un'azione.

Come abbiamo visto, il clustering cerca di scoprire all'interno di un grande quantità di dati quelli che potremmo chiamare dei raggruppamenti "naturali" – i cluster, per l'appunto –, laddove non abbiamo ancora una classe a disposizione con caratteristiche definite. Di classificare, insomma, degli elementi in gruppi distinti in base alle maggiori somiglianze che possiamo rinvenire (e nonostante le molte differenze che possono esserci).

Un po' quello che si fa raggruppando le specie animali in generi e specie, per cui il lupo appartiene al genere *Canis* e alla specie *lupus*, e il leone (*Panthera leo*) e la tigre (*Panthera tigris*), pur essendo animali differenti, appartengono alla stesso genere (*Panthera*).

Applicare il clustering al gioco del calcio vuol dire esattamente questo: cercare all'interno dei dati che abbiamo sulle partite una serie di caratteri in comune. Per definire un'azione, infatti, dobbiamo prima provare a trovare gli elementi per descriverla.

In primo luogo, dai dati si estraggono i "possessi palla", ovvero le sequenze di eventi relativi a una parte della gara in cui la palla è in possesso di una squadra senza interruzioni. Per ogni possesso palla di una squadra vengono quindi calcolate le seguenti caratteristiche:

1) Durata (in secondi)

2) Lunghezza media dei passaggi

3) Posizione orizzontale media, ovvero in che parte orizzontale di campo (destra, sinistra, centro, monitor del VAR) si svolge l'azione

4) Posizione verticale di partenza, ovvero a che altezza

del campo (vicino alla propria area, a centrocampo, in curva ecc.) si verifica il primo evento del possesso.

5) Velocità di avanzamento iniziale, media, finale. In pratica, il possesso viene diviso in tre intervalli di tempo uguali e si calcola la velocità della palla nel primo, secondo e terzo intervallo. Per "velocità di avanzamento" qui si intende la velocità lungo l'asse verticale del campo, da porta a porta: se due giocatori che sono alla stessa altezza si scambiano la palla dall'out di destra a quello di sinistra, anche se se la passano a 800 all'ora la velocità di avanzamento è nulla.

Tenendo presente queste caratteristiche, si cerca di capire se riusciamo a individuare dei gruppi naturali, cioè se – rappresentando queste caratteristiche come punti in uno spazio – si formano delle nuvolette di punti (i cluster) che sono più vicini tra loro che non a ogni altro gruppo.

I gruppi che emergono, sulla base delle nostre impostazioni, sono dieci:

- Costruzione veloce sulla fascia destra
- Costruzione veloce sulla fascia sinistra
- Costruzione veloce dal basso
- Recupero alto sulla fascia destra
- Recupero alto sulla fascia sinistra
- Recupero alto e nuova costruzione
- Possesso lungo con avanzamento lento
- Possesso lungo con avanzamento veloce
- Possesso lungo con accelerazione finale
- Palla lunga

Costruzione veloce sulla fascia destra

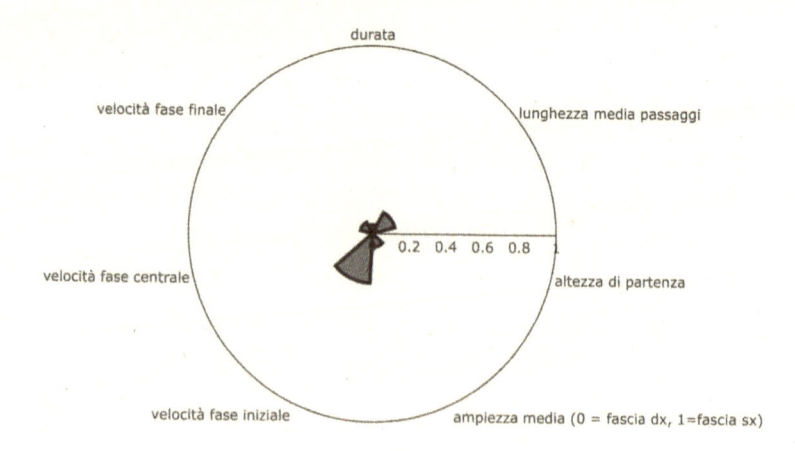

Figura 26

Costruzione veloce sulla fascia sinistra

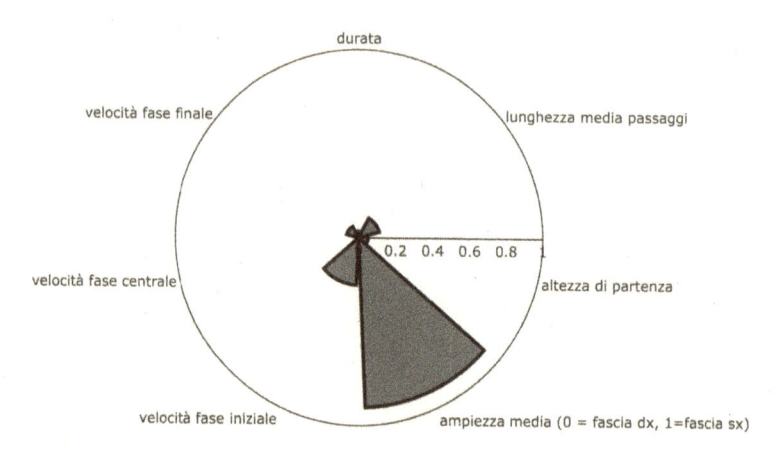

Figura 27

Costruzione veloce dal basso

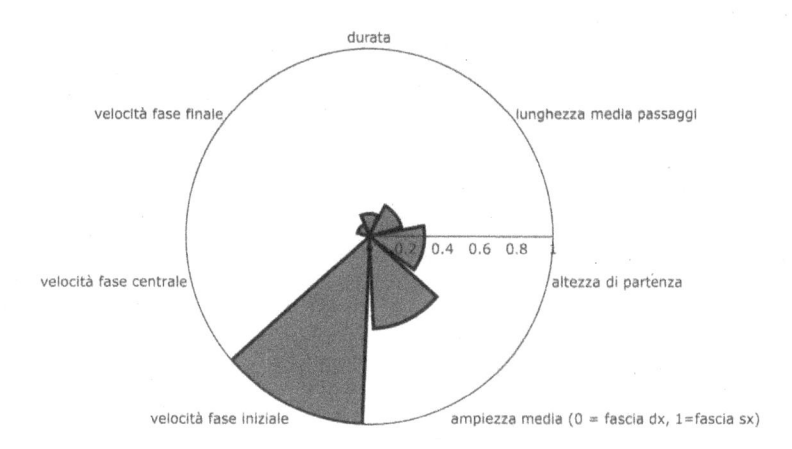

Figura 28

Recupero alto sulla fascia destra

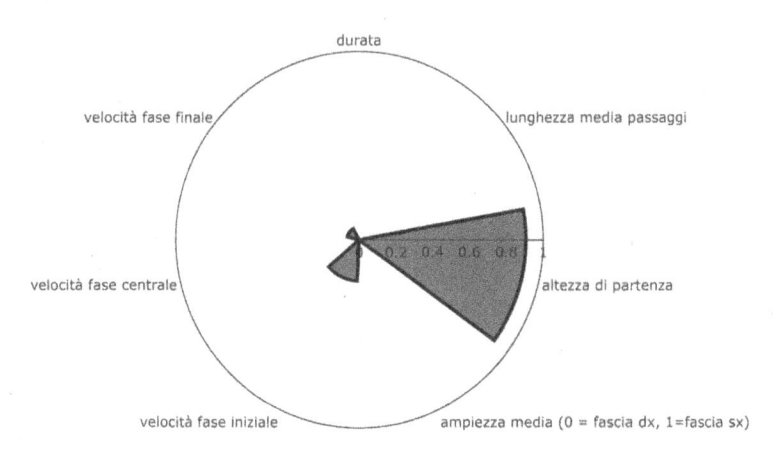

Figura 29

Recupero alto sulla fascia sinistra

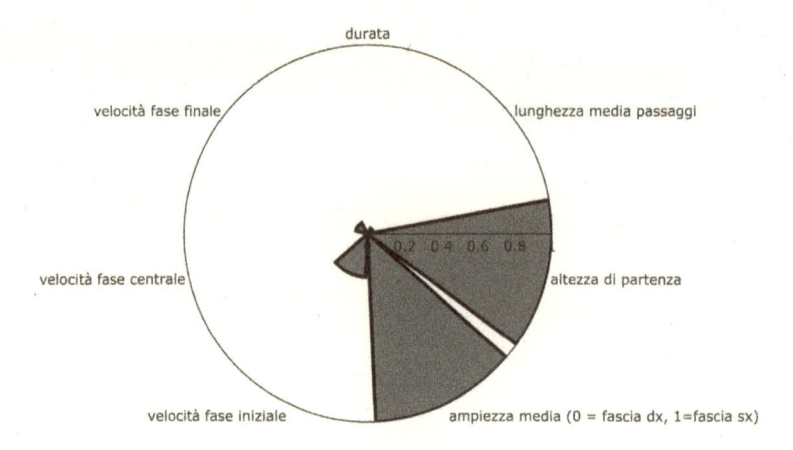

Figura 30

Recupero alto e nuova costruzione

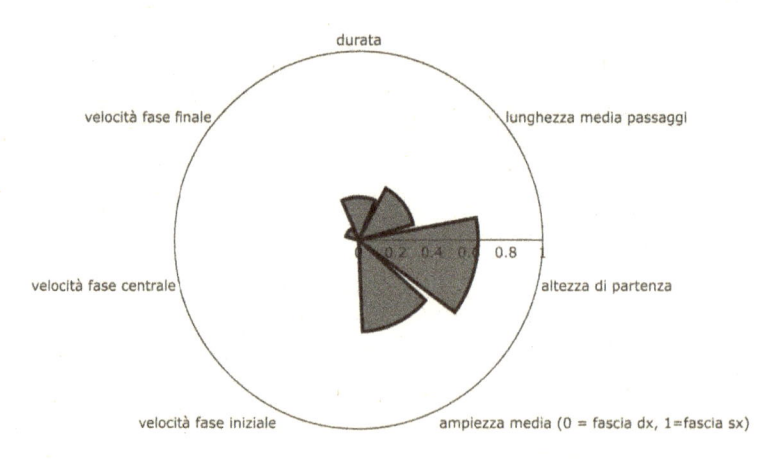

Figura 31

146

Possesso lungo con avanzamento lento

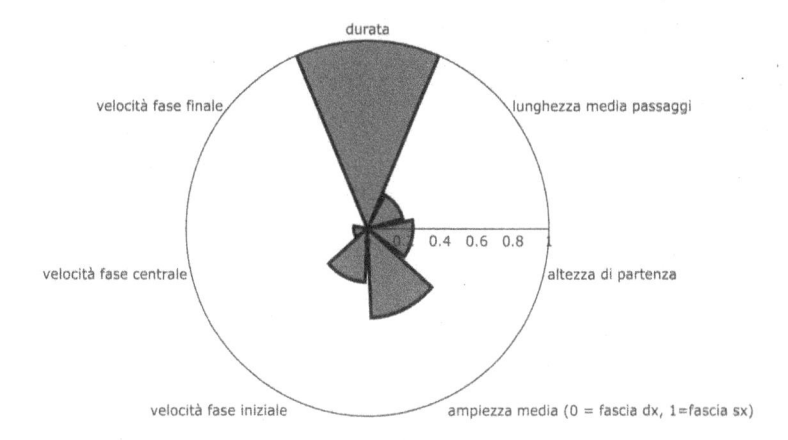

Figura 32

Possesso lungo con avanzamento veloce

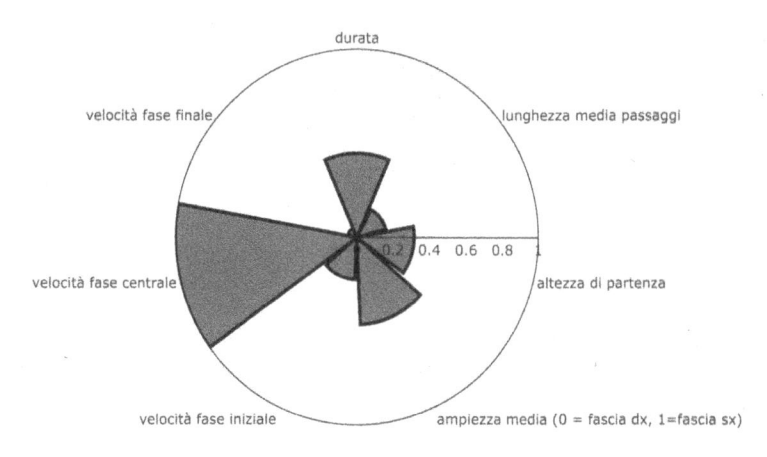

Figura 33

Possesso lungo con accelerazione finale

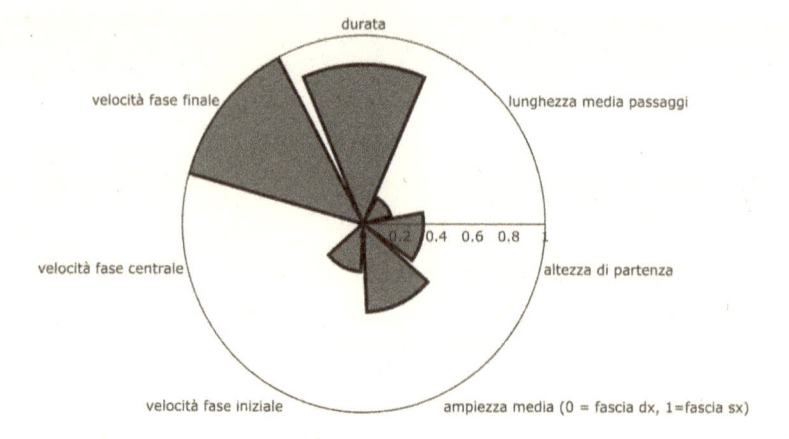

Figura 34

Palla lunga

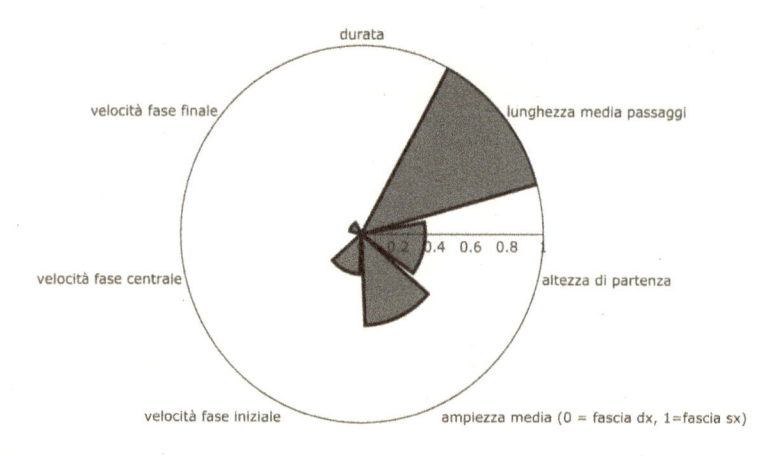

Figura 35

I nomi dei cluster vengono dati sulla base della caratteristica dei "centroidi", ovvero del centro ideale intorno a cui queste nuvolette di dati si raggruppano (figure 26-35). Per esempio, i centroidi che hanno un valore alto della caratteristica "durata" sono stati contrassegnati come "possesso lungo"; sulla base della velocità, quindi, sono stati ulteriormente suddivisi in "possesso lungo con accelerazione finale" quando la velocità nell'ultimo terzo del possesso è elevata, "possesso lungo con avanzamento veloce" quando il picco di velocità è nel secondo terzo, cioè nella parte intermedia, oppure "possesso lungo con avanzamento lento" quando non c'è un picco di velocità significativo.

"Costruzione veloce dal basso" ha un basso valore di partenza sulla coordinata x, quella che esprime la profondità del gioco – da porta a porta, per intenderci – e una velocità molto alta nel momento iniziale della fase di possesso.

"Recupero alto e nuova costruzione" è caratterizzato da un valore iniziale di x piuttosto alto combinato con una velocità iniziale molto lenta: questo capita quando la palla viene riconquistata tra il centrocampo e l'area avversaria ma, invece di dirigersi verso la porta, la squadra sceglie di consolidare il possesso facendo circolare la palla all'indietro.

I possessi sulla fascia sinistra o destra – non sorprendentemente – sono individuati dal valore medio di y (la coordinata che misura l'ampiezza del gioco), e possono essere recuperi alti o costruzioni veloci a seconda della posizione verticale di partenza.

L'ultima voce è la più semplice da visualizzare: il caro vecchio lancio lungo, a scavalcare il centrocampo e speriamo in bene, che ha un alto valore della lunghezza media dei passaggi.

Armati di questo genere di misurazione, siamo in grado di andare a descrivere in maniera quantitativa il gioco di ogni singolo allenatore sulla base di quanto spesso le sue squadre ricorrono a ognuno di questi comportamenti (si vedano i due esempi alle figure 36 e 37).

È un po' come distinguere un gatto da un cavallo sulla base delle dimensioni delle rispettive parti del corpo: le orecchie rispetto alla testa, o la coda rispetto alle zampe.

Con questi tipi di misure siamo però anche in grado di confrontare tra loro gli allenatori e i rispettivi stili di gioco.

Quello che si fa è proiettare le varie distribuzioni di gioco in uno spazio virtuale a n dimensioni (sì, esatto: proprio quello che abbiamo incontrato nel capitolo "Il suo ruolo mi spieghi qual è?"). Non preoccupatevi, non è niente di spaventoso: se le caratteristiche fossero due, potremmo considerare ogni allenatore come un punto sul piano, dato dalle coordinate della caratteristica 1 e della caratteristica 2. Le coordinate però non sono "caratteristica 1" e "caratteristica 2", bensì molte di più. Le si immagina in un iperspazio a dieci dimensioni, e si misura la distanza virtuale che c'è tra due punti in questo iperspazio. Va da sé che all'aumentare dalla distanza tra due allenatori nel piano aumenta la differenza di gioco. Facciamo una prova con gli allenatori della Serie A degli ultimi anni (figura 38).

Gian Piero Gasperini, mister dell'Atalanta, ha un profilo personalissimo: come si vede, mentre tutti gli altri allenatori presi in esame hanno uno o due colleghi molto vicini (cioè molto bassi sull'asse verticale, a poca distanza virtuale da loro) nessun altro allenatore della Serie A si trova a breve distanza da lui. Il calcio di De Zerbi al Sassuolo era per esempio molto simile a quello del Gattuso milanista, mentre

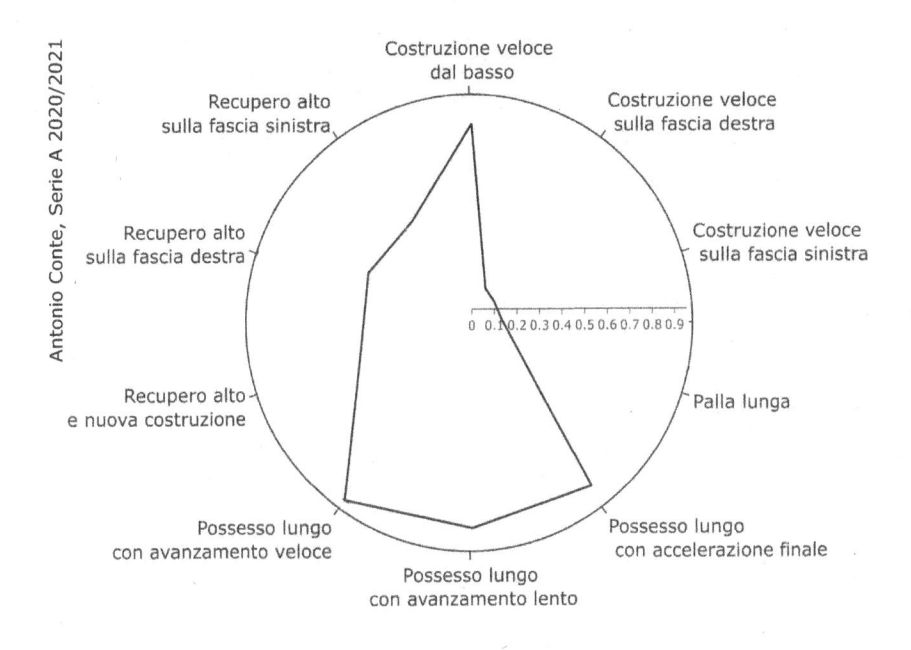

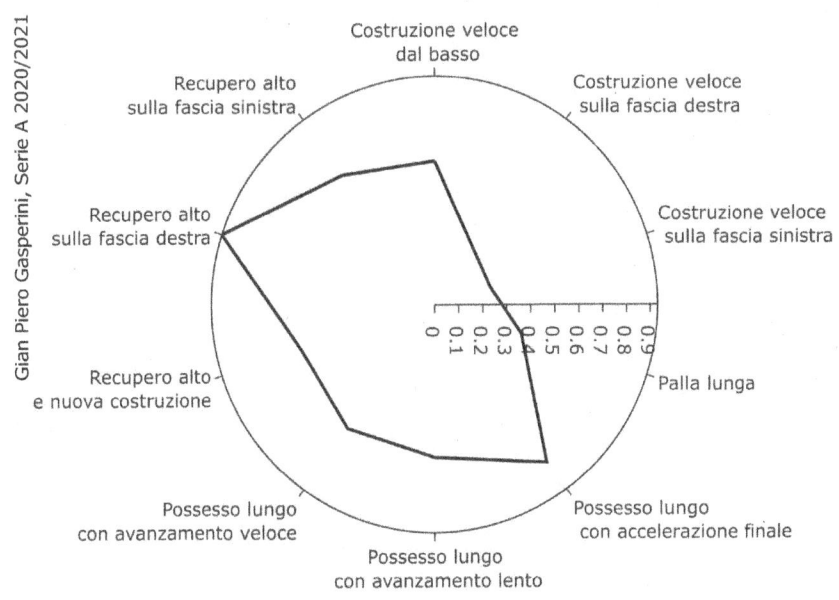

Figure 36-37. *Nelle due immagini, utilizzo relativo dei diversi tipi di possesso palla da parte di Antonio Conte e Gian Piero Gasperini.*

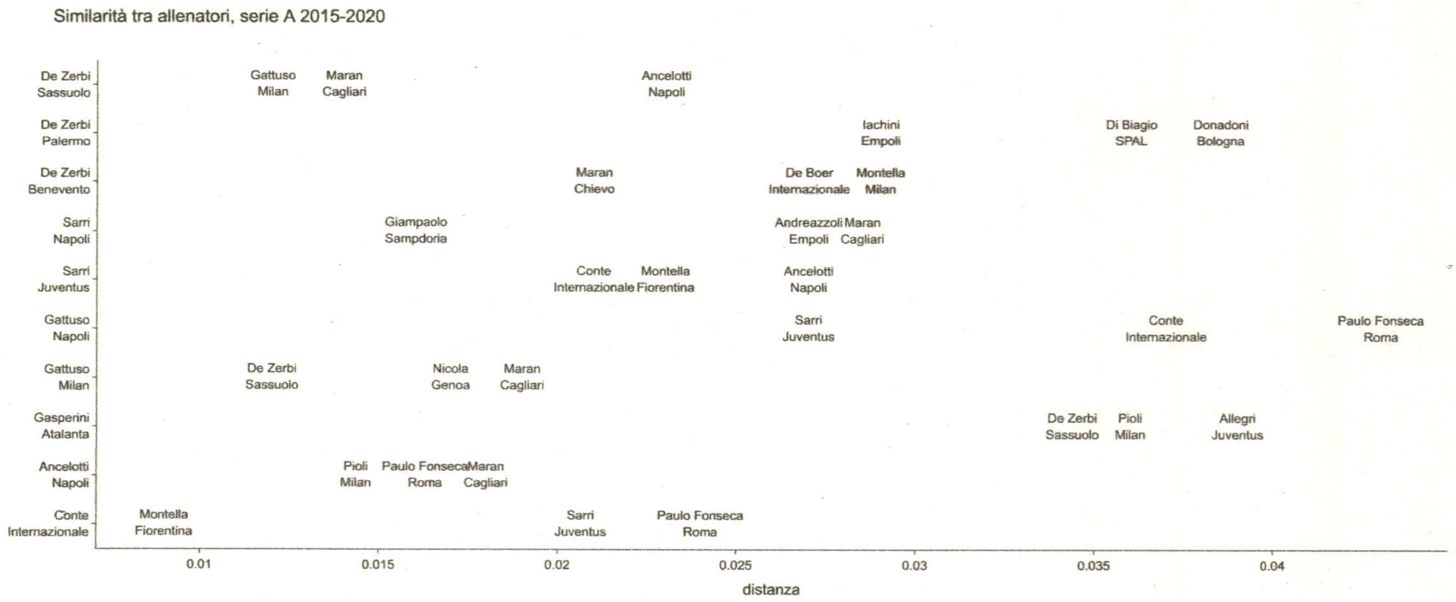

Similarità tra allenatori, serie A 2015-2020

	Gattuso Milan	Maran Cagliari					
De Zerbi Sassuolo							
De Zerbi Palermo						Di Biagio SPAL	Donadoni Bologna
De Zerbi Benevento				Iachini Empoli	Montella Milan		
Sarri Napoli			Maran Chievo	De Boer Internazionale			
		Giampaolo Sampdoria		Andreazzoli Maran Empoli Cagliari			
Sarri Juventus				Ancelotti Napoli			
			Ancelotti Napoli				
Gattuso Napoli			Conte Montella Internazionale Fiorentina	Sarri Juventus		Conte Internazionale	
Gattuso Milan	De Zerbi Sassuolo	Nicola Maran Genoa Cagliari					
Gasperini Atalanta						De Zerbi Pioli Sassuolo Milan	Allegri Juventus
Ancelotti Napoli	Pioli Paulo FonsecaMaran Milan Roma Cagliari		Paulo Fonseca Roma				
Conte Internazionale	Montella Fiorentina		Sarri Juventus				Paulo Fonseca Roma
0.01	0.015		0.02	0.025	0.03	0.035	0.04

distanza

Figura 38. *Distanze tra gli allenatori di Serie A in base ai tipi di possesso palla effettuati e subiti dalle loro squadre.*

il gioco di Sarri quando era al Napoli, il cosiddetto "Sarri-ball", è vicino a quello di Giampaolo quando era alla Sampdoria. Sul Giampaolo del Milan o del Torino torneremo nel prossimo capitolo – nonostante non siano in molti a voler ricordare quelle stagioni.

Il grafico che abbiamo appena costruito ci permette di notare un altro aspetto fondamentale e che molto spesso, da tifosi quali siamo, finiamo per trascurare: un allenatore non va mai in campo da solo.

Come vedete, il dinamico duo Gattuso-Milan è molto vicino al De Zerbi-Sassuolo, ma il Gattuso-Napoli non lo è affatto. Come è possibile?

Escludiamo che la vicinanza del Vesuvio e l'eleganza delle sartorie di via Chiaia abbiano in qualche modo ammorbidito il Ringhio nazionale – uno dei pochi che da giocatore riusciva a mettere d'accordo tutte le tifoserie, e a nostro parere uno degli allenatori più lucidi che abbiamo avuto la fortuna di vedere all'opera.

Il fatto è che, semplicemente, non aveva gli stessi giocatori.

E se invece nella stessa squadra Gattuso ne avesse avuti a disposizione solo uno o due diversi? Che cosa sarebbe cambiato?

È quello che cercheremo di capire nel prossimo capitolo.

Una stagione non fa primavera

> *Mamma diceva sempre:*
> *devi gettare il passato dietro di te,*
> *prima di andare avanti.*
>   Tom Hanks in *Forrest Gump*

Non ce ne vogliano i tifosi dell'Inter – uno dei sottoscritti, qua alla regia, è un vero aficionado – ma quando cerchiamo esempi di giocatori che non hanno reso quanto ci si poteva aspettare, sovente si va a cercare stagioni fallimentari di acquisti in nerazzurro. A volte, permangono dei dubbi sulle loro effettive capacità – Darko Pančev, Ricardo Quaresma – altre volte di dubbi non ce ne sono mai stati – siamo abbastanza certi che stiate pensando a Vampeta.

Ma ci sono stati parecchi giocatori che, senza dubbio, erano dei campioni, e altrettanto senza dubbio all'Inter hanno dato il peggio di sé.

Difficile, in questo caso, non pensare a Dennis Bergkamp.

Quando l'olandese arrivò a Milano, nel 1993, era reduce da un Europeo da protagonista, tanto da relegare al ruolo di rifinitore Marco Van Basten, e da caterve di gol nell'Ajax; quando se ne andò dall'Inter per approdare all'Arsenal, regalò ai tifosi di oltremanica delizie in serie, segnando tra l'altro quello che è considerato il gol più bello nella storia della Premier League.

In mezzo, due stagioni che definire paradossali è dire poco.

Perché Bergkamp ebbe un impatto così trascurabile nel campionato italiano?

Alcuni ricordano come l'olandese avesse una certa ritrosia ad affrontare i contrasti e a giocare lontano dalla porta, e le malelingue mettono in relazione questa "debolezza" alla nota fifa del caro Dennis nell'affrontare i viaggi in aereo. Ma in realtà, se fosse stato davvero quello il problema, difficilmente si spiegherebbe il suo successivo exploit in Inghilterra, campionato dove notoriamente i difensori offrono mazzi di ranuncoli agli attaccanti in area di rigore – e personaggi come Vinnie Jones, che in qualsiasi altra nazione sarebbero stati arrestati all'ingresso in campo, diventano leggende.

Altri puntano il dito sui problemi di spogliatoio: Bergkamp era abituato all'atmosfera giocosa e familiare dei lancieri di Amsterdam, e si ritrovò a capofitto in un posto che gli sembrava una filiale di banca. «Improvvisamente ero diventato un impiegato» ha scritto nella sua autobiografia «in ufficio dalle nove alle cinque, con intorno colleghi dalla faccia stressata.»

In realtà, l'equivoco fu principalmente tattico. Bergkamp veniva dal 3-4-3 di Van Gaal, dove agiva come mezzala alle spalle di due attaccanti; all'Inter invece Osvaldo Bagnoli lo utilizzò come seconda punta, a fianco di una prima punta di pura finalizzazione come Schillaci o Ruben Sosa.

Alla fine della stagione, la miseria di 8 gol in 31 presenze; la stagione successiva non andrà meglio, complice un infortunio piuttosto serio all'inguine e una litigata furibonda con Ottavio Bianchi (che aveva sostituito Marini, che aveva sostituito Bagnoli: gli allenatori di calcio dell'Inter nel periodo 1991-1996 sembrano una canzone di Branduardi). Dopo 72 presenze e 22 gol, si trasferirà all'Arsenal, e l'unica cosa che rimarrà uguale al periodo interista sarà il netto rifiuto di usare l'aereo.

Bergkamp non è stato l'unico calciatore ad aver fatto male esclusivamente in una squadra. Limitandoci agli olandesi di Milano, abbiamo Clarence Seedorf, promettente alla Sampdoria e devastante a Madrid, a cui fece seguito una deludente parentesi nerazzurra. Oppure Edgar Davids, che dominava il centrocampo nell'Ajax, ma che al Milan è ricordato più per i litigi con il resto del club che per il rendimento effettivo in appena 19 presenze (Billy Costacurta lo definì pubblicamente «una mela marcia»). Entrambi vennero venduti, o meglio, svenduti per liberarsene il prima possibile.

Al di là di questioni caratteriali, come la voglia di tranquillità di Bergkamp o l'aggressiva esuberanza di Davids, la performance di un giocatore all'interno di una squadra dipende dalla squadra in cui gioca e dall'allenatore che la guida.

Come osservavamo nel capitolo precedente, a calcio si gioca in undici, e il fatto che i tuoi compagni di squadra siano dieci più di te dovrebbe dire qualcosa sul fatto che il tuo singolo contributo non possa fare a meno di quello degli altri. In ogni meccanismo organizzato, basta un singolo elemento che non funziona a inficiarne le prestazioni, come sa benissimo chiunque rimanga con l'automobile in panne: non conta che il motore e le altre parti siano perfettamente a posto se non arriva carburante o se la centralina elettronica è guasta.

Detto questo, un conto è dire che sia l'allenatore sia il giocatore sono importanti, e un conto è riuscire a distinguere il contributo di ciascuno al successo (o al fallimento) della squadra.

Divide et impera

Nella Coppa d'Africa del 1996, la punta di diamante della squadra della Liberia era senza dubbio George Weah, primo Pallone d'oro non europeo e attaccante del Milan, con cui aveva vinto l'anno prima lo scudetto. Con i rossoneri gioca 147 partite segnando 58 gol. Insieme a un altro extraeuropeo, tale Ronaldo Luís Nazário de Lima, noto a molti come «Ronaldo quello vero», ha incarnato di fatto l'archetipo del centravanti moderno: forte fisicamente, gran tecnica e gran dribbling e, in più, propensione al gioco di squadra.

Nel Milan, Weah giocava da punta, mentre nella sua nazionale, la Liberia, veniva schierato in un ruolo diverso. Mezzala? Trequartista? Rifinitore? Niente di tutto questo. In nazionale Weah giocava da libero, in mezzo alla difesa.

«Ci sono degli attaccanti di un certo livello nella Liberia, preferisco lasciare spazio a loro» spiegava lui. «I difensori liberiani sono talmente scarsi che ci vuole uno tecnicamente valido là dietro, sennò ne pigliano sei a partita» fu l'interpretazione di molti altri. Fosse come fosse, in nazionale Weah dava comunque il suo contributo, anche se segnando meno del solito: solo 12 gol in 58 partite.

Un giocatore può contribuire al gol in vari modi. In particolare, un attaccante può fare gol direttamente, fare assist, riconquistare la palla in attacco o a centrocampo oppure assistere la difesa in fase di disimpegno. Quanto questo dipenda da lui, e quanto dall'allenatore, non è però facile da capire.

Un modo possibile è quello di analizzare quanto e come

un giocatore partecipa al gioco di una determinata squadra, e di un dato allenatore.

Abbiamo visto, nel capitolo precedente, che è possibile descrivere il gioco di una coppia squadra-allenatore in base alla distribuzione delle fasi di gioco. Ogni stile di gioco è un cocktail: un po' di riconquista, un po' di possesso prolungato, un po' di ricostruzione, e via correndo. Quello che possiamo fare allora è calcolare quanto un giocatore partecipa a ognuna delle fasi di sviluppo del gioco e come lo fa, ovvero: che esito ha quella fase a meno che un giocatore vi partecipi o non vi partecipi.

Prendiamo, per esempio, una prima punta della nazionale italiana come Andrea Belotti. Nella figura 39, vediamo la percentuale di giocate alle quali Belotti ha partecipato nelle sue ultime due stagioni.

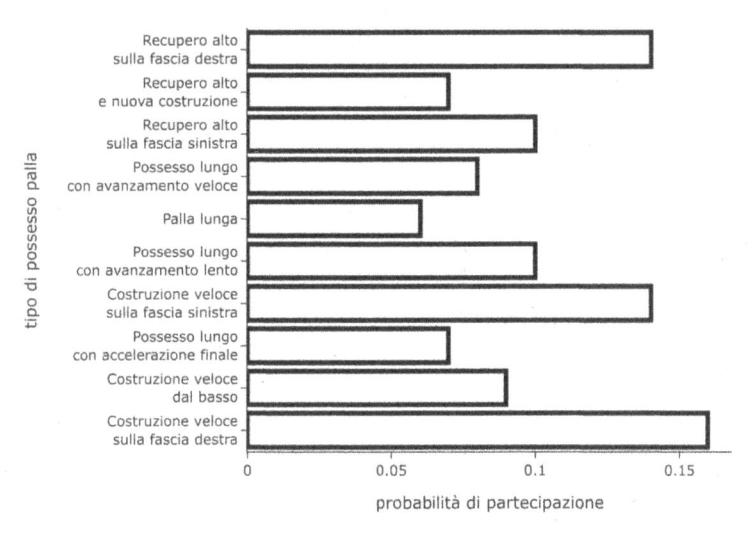

Possessi palla con partecipazione di Andrea Belotti, Serie A 2020/2021

Figura 39

Come vediamo, le azioni che coinvolgono di più Belotti sono la costruzione veloce sulle fasce e i recuperi alti sulle fasce, specialmente quella destra.

Adesso, andiamo a vedere con che frequenza le azioni alle quali partecipa Belotti si traducono in gol. Attenzione: qui non prendiamo in considerazione solo i gol direttamente realizzati dal Gallo, con tanto di esultanza a forma di cresta, ma tutte le azioni che si concludono con un gol del Torino, indipendentemente da chi segna.

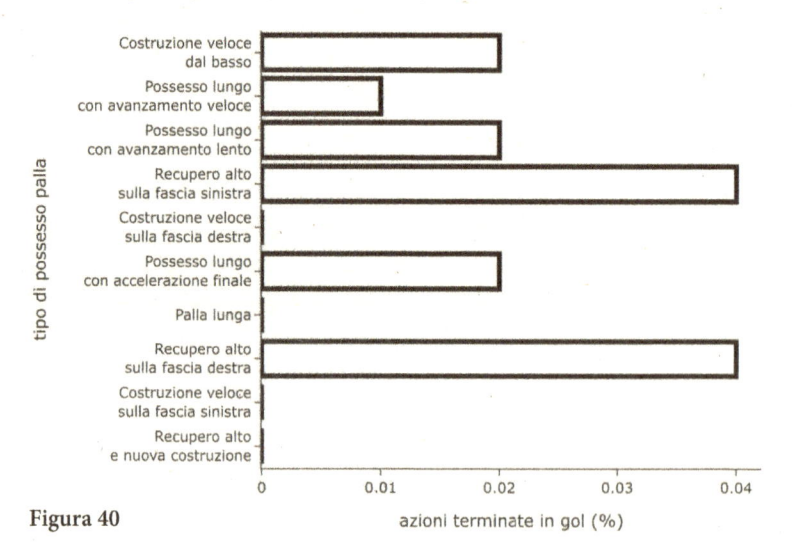

Azioni con partecipazione di Andrea Belotti, Serie A 2020/2021

Figura 40 — azioni terminate in gol (%)

Interpretando il grafico nella figura 40 vediamo che il contributo non si traduce necessariamente in segnatura. La maggior parte dei gol viene da azioni di recupero alto sulle fasce (0,04263 per la fascia destra e 0,04371 per la fascia sinistra, se li andiamo a sommare sono il 51% del totale dei gol in cui Belotti mette prima o poi la sua presenza), mentre l'esito di azioni di costruzione veloce sulle fasce, se vedono Belotti coinvolto, è trascurabile: 0,00389 per le costruzioni sulla fascia sinistra, e zero secco se la costruzione è sulla fascia destra. Anche se sono quelle alle quali partecipa di più, queste azioni con Belotti al Torino non portano al gol praticamente mai.

Gli altri contributi attivi non trascurabili del Gallo alla segnatura della sua squadra sono le costruzioni veloci centrali dal basso e i possessi lunghi con accelerazione finale. Ci sono invece altre due voci che danno contributo nullo: il recupero alto con nuova costruzione e le palle lunghe, nelle quali il nostro eccelle poco e senza mai dare un contributo decisivo.

Proviamo a confrontare ora la performance del Gallo col suo collega di nazionale Ciro Immobile, guardando innanzitutto la partecipazione alla costruzione del gioco (Figura 41).

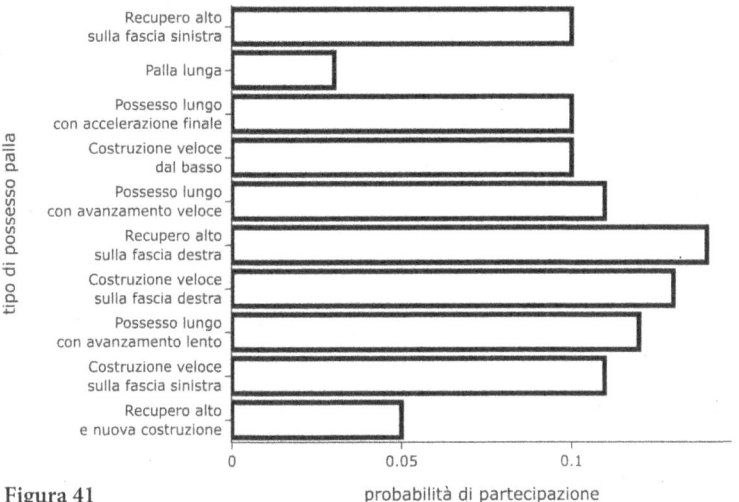

Figura 41

Azioni con partecipazione di Ciro Immobile, Serie A 2020/2021

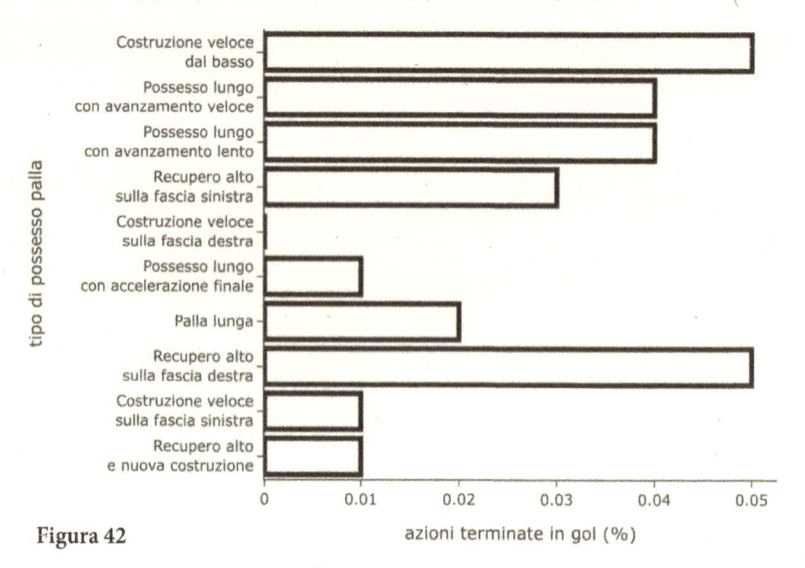

tipo di possesso palla	azioni terminate in gol (%)
Costruzione veloce dal basso	~0.05
Possesso lungo con avanzamento veloce	~0.04
Possesso lungo con avanzamento lento	~0.04
Recupero alto sulla fascia sinistra	~0.03
Costruzione veloce sulla fascia destra	0
Possesso lungo con accelerazione finale	~0.01
Palla lunga	~0.02
Recupero alto sulla fascia destra	~0.05
Costruzione veloce sulla fascia sinistra	~0.01
Recupero alto e nuova costruzione	~0.01

Figura 42

Et voilà. Le prestazioni di Immobile nei recuperi alti sulle fasce sono lievemente minori di quelli di Belotti, ma Ciro non se ne deve preoccupare troppo, perché sulle costruzioni rapide dal basso è decisamente migliore del collega, così come sui possessi lunghi. La differenza è che Immobile fa rendere al meglio i possessi lenti o con un approccio veloce, mentre Belotti è più a suo agio con i possessi con accelerazione finale (di solito, probabilmente, quando l'accelerazione la fa lui).

Altro dato a favore di Immobile è che sulle palle lunghe, dove il contributo di Belotti in termini di realizzazioni è nullo, riesce a dare il suo apporto e a partecipare attivamente alle azioni che si concludono in gol (figura 42). Traducendo questo in prospettiva dell'avversario: Immobile è più a suo agio in spazi ampi, quando si apre un varco, mentre Belotti il varco se lo apre da solo a sportellate.

Risultato: Immobile è un giocatore evidentemente più efficace di Belotti nel senso che è più versatile, la sua partecipazione al gioco si traduce in gol in un maggior numero di modi rispetto a Belotti. Il Gallo è meno efficace, ma probabilmente si trova a giocare la palla in situazioni più difficili (da notare però che nemmeno Immobile riesce a partecipare ad azioni di costruzione veloce sulle fasce che giungono al gol, quindi delle due l'una: o entrambi i giocatori non sono portati per questo tipo di azioni, oppure è l'azione in generale che non rende molto a livello di gioco…).

Resta a questo punto una domanda: come giocherebbero, o come avrebbero giocato, in altre squadre e con altri allenatori?

Montare insieme due parti diverse

La prima domanda che ci potremmo fare, a questo punto, è: come giocherebbero Belotti o Immobile a seconda dell'allenatore e dei compagni di squadra che hanno? Qui possiamo fare un test diretto. Mentre Ciro Immobile è immobile di nome e di fatto da circa un lustro – gioca nella Lazio dal 2016, e dal 2016 al 2021 la Lazio è stata allenata da Simone Inzaghi – il Gallo nelle ultime due stagioni al Torino ha cambiato quattro allenatori. Nel caso di Belotti, quindi, un raffronto non è certamente impossibile. Per farlo, useremo il seguente diagramma causale (l'abbiamo già incontrato nel capitolo sui rigori, ricordate?):

```
            ALLENATORE
           ↙         ↘
GIOCATORE ─────────→ POSSESSO
           ↘         ↙
             ESITO
```

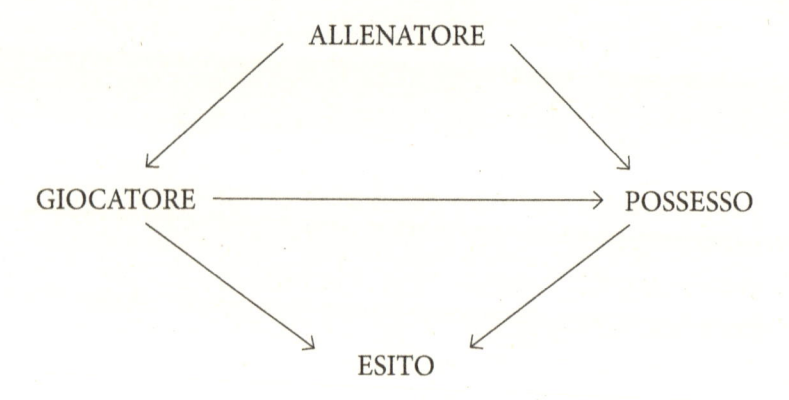

In un diagramma causale, la direzione della freccia indica da cosa dipende cosa. Se X causa Y, allora la freccia va da X a Y.

Il significato delle frecce è intuitivo: in primo luogo, l'allenatore decide chi gioca, e non il contrario (a meno che non stiate considerando l'Argentina o il Barcellona). Il tipo di possesso praticato è deciso sia dall'allenatore (tramite le indicazioni tattiche) che dai giocatori (tramite le loro azioni). Infine, l'esito di una azione è definita sia dal tipo di possesso (una palla lunga non è efficace quanto un recupero ben orchestrato) e dal giocatore che lo porta avanti o lo conclude – puoi costruire una azione bella quanto ti pare, ma se a crossare c'è Zambrotta o Gasbarroni fa una bella differenza…

Questo diagramma ci permette di calcolare come giocherebbe Belotti avendo a disposizione un intero girone con lo stesso allenatore – lusso che il nostro ultimamente non si è potuto permettere – combinando le sue caratteristiche (a quali azioni partecipa e con quale efficacia) con quelle dell'allenatore.

Lo stile di gioco degli ultimi due allenatori del Torino, per esempio, è piuttosto diverso tra loro.

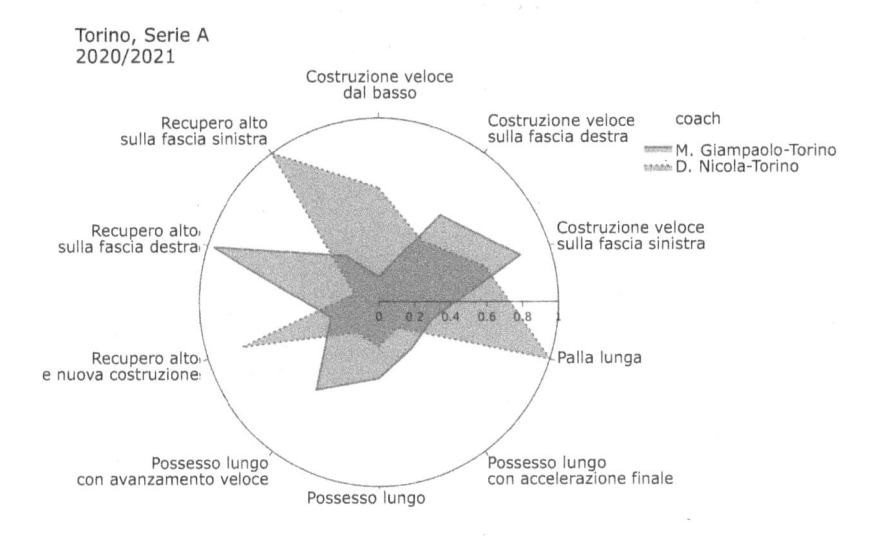

Figura 43. *Distribuzione del tipo di possessi palla nel gioco di Marco Giampaolo (contorno in grassetto) e Davide Nicola (contorno tratteggiato) alla guida del Torino.*

Come si può vedere dal diagramma, la palla lunga (che nel gioco di Giampaolo era un tabù) con Nicola è tornata decisamente in auge, mentre i possessi lunghi (già non troppo sfruttati da Giampaolo) sono praticamente spariti. Invece i recuperi sulle fasce hanno cambiato completamente aspetto – e questo probabilmente è dovuto al diverso contributo di due giocatori, uno (Wilfried Singo) molto presente con Giampaolo sulla fascia destra, l'altro (Cristian Ansaldi) praticamente non pervenuto con il maestro di Giulianova e onnipresente con Nicola.

E Belotti, tra i due, come si barcamena?

Il coefficiente di marcatura per azione, calcolato in linea teorica su tutto il campionato, con Giampaolo era di 0,0169, mentre con Nicola è di 0,0160.

Il numero che vediamo è la frazione di azioni che vedono coinvolto Belotti e che si tradurrebbero in un gol. In pratica, con Giampaolo alla guida, le azioni del Gallo avevano una probabilità di andare in gol del l'1,69%, mentre con Nicola questa percentuale è scesa all'1,60%.

È una differenza piccola, ma non trascurabile: sicuramente meno marcata della differenza tra le realizzazioni dirette. Con Giampaolo Belotti ha fatto 9 reti in 18 partite, mentre con Nicola, nelle stesse 18, ne ha siglati solo 4 – meno della metà.

Ricordiamoci però che quel numeretto che abbiamo ricavato non indica solo i gol direttamente siglati da Belotti, ma quelli in cui ha messo in qualche modo lo zampino: riconquistando palla, con un assist, e così via. Quindi, anche se il suo rendimento come realizzatore è stato molto inferiore alle attese, quello di partecipante alla manovra è stato impattato solo lievemente.

Vediamo inoltre che le caratteristiche di Belotti lo portavano a essere più efficace con Giampaolo che non con Nicola. Pur essendo il Torino andato molto meglio nella seconda metà della stagione, cioè una volta subentrato Nicola, il rendimento personale di Belotti era atteso, sulla base dei dati, essere lievemente più deludente. In effetti lo è stato pure troppo, anche se molto di più di quanto ci si potesse aspettare – probabilmente la positività al Covid-19 e la paternità hanno giocato un ruolo non indifferente. Ma gli effetti del virus prima o poi spariranno, e il centravanti azzurro avrà tutto il tempo per tornare in forma (anche se magari non con tutte le intenzioni di tornare a giocare a Torino).

Una domanda più stimolante che adesso possiamo farci è la seguente: come giocherebbe Belotti in un'altra squadra? Se fosse stato schierato nel Milan allenato da Pioli, per esempio, come se la sarebbe cavata?

Possiamo fare questo calcolo tranquillamente, a patto di assumere che Belotti giochi sempre, indipendentemente dalla volontà dell'allenatore.

I diagrammi causali ci permettono di simulare un mondo in cui andiamo da Pioli e gli diciamo: «Allora, caro signor Pioli, lei oggi fa giocare sicuramente Belotti, gli altri dieci li decida pure lei». Una cosa che nella realtà non potrebbe succedere, primo perché Berlusconi non possiede più il Milan, e secondo perché – dalle poche notizie che abbiamo su Stefano Pioli come persona – siamo abbastanza sicuri che non glielo permetterebbe.

In pratica, questo tipo di calcolo ci dice quale è il contributo di Belotti in termini di azioni a cui partecipa, ma anche quali di queste gli siano più congeniali, e come la semplice presenza del giocatore sposti gli equilibri di gioco nella squadra in cui viene inserito. La squadra scelta, con o senza Belotti, non ha solo diverse percentuali realizzative in fondo a ogni azione, ma anche un gioco lievemente diverso da quello reale, in virtù della partecipazione virtuale del Gallo al gioco e di quelle che sono di solito le sue scelte.

Proviamo, anche solo per divertimento, a fare questo calcolo con due squadre differenti: il Bologna di Siniša Mihajlović e il Milan di Stefano Pioli. Il primo lo scegliamo perché è con questo allenatore che il Gallo ha dato il massimo a livello realizzativo (35 reti in 56 partite) e il secondo perché il Milan è la squadra di cui Andrea era tifoso da bambino – non per altri motivi, eh.

Con Mihajlović, nel Bologna, Belotti quest'anno avrebbe avuto un rendimento di 0,0171, lievemente superiore a quello avuto con Giampaolo e con Nicola. Con Pioli, al Milan, il rendimento ipotetico sarebbe stato di 0,0196, il più alto ipotizzabile finora: insomma, se avesse giocato nel Milan, secondo i nostri calcoli il rendimento di Belotti sarebbe stato maggiore di circa il 20%.

A questo punto, il lettore curioso potrebbe chiedersi: sì, ma visto che avete parlato di due attaccanti all'inizio, quale è stato il rendimento di Immobile lungo il campionato?

Ecco, il rendimento di Ciro Immobile alla Lazio è stato di 0,0225. Superiore del 30% di quello effettivo di Belotti, e più alto anche di quello che avrebbe avuto se avesse giocato in altre squadre più forti.

Se Immobile all'ultimo Europeo è partito sempre titolare nelle gerarchie del ct Mancini, c'è un motivo.

A volte si ritrovano

All'inizio di questo capitolo, abbiamo lasciato Edgar Davids in procinto di lasciare Milano per nuovi e più promettenti lidi. Nel mercato di gennaio del 1998, Davids venne infatti ceduto alla Juventus per 9 miliardi di lire e ricominciò a giocare come sapeva. I bianconeri, allenati da Marcello Lippi, trovarono nel pitbull olandese il tassello mancante del loro gioco – quello calcistico, come suggerisce Stefano Olivari del mitico *Guerin Sportivo*: per il tutto resto c'era già Luciano Moggi. In quella stagione riuscirono ad agganciare l'Inter e ad aggiudicarsi lo scudetto anche grazie a un famoso contropiede innescato da una azione di Ronaldo, che cadde in area nonostante Mark Iuliano non avesse commesso fallo – vedi sopra –, permettendo così alla Juve di guadagnare il gol della vittoria (un rigore, manco a dirlo).

Clarence Seedorf invece rimase a Milano. Arrivò in rossonero nel 2002 accolto da un certo scetticismo, a causa dei suoi non esaltanti trascorsi nerazzurri. Nell'Inter giocava da esterno di centrocampo, nel Milan di Ancelotti invece venne usato come giocatore di raccordo fra le linee, diventando un punto di riferimento inamovibile insieme ad Andrea Pirlo (un altro che nell'Inter non aveva brillato) e a Gennaro Gattuso. Risultato? Due Champions League, uno scudetto e tantissime prestazioni monstre, tra cui il derby di Milano vinto 3-2 proprio con un suo gol da trentacinque metri sotto la pioggia.

Nel frattempo, l'olandese non volante aveva preso il volo. Nel 1998 Dennis Bergkamp fu eletto miglior giocatore del campionato inglese; vinse tre volte la Premier League, quattro volte la FA Cup e quattro volte il Community Shield. Non male, per uno che alla prima stagione all'Inter aveva realizzato la miseria di 8 reti in 31 gare di campionato. Tanto per dire, su 30 gare totali Pančev ne aveva infilate 10…

Epilogo

*Ogni vittoria è bella, ed è straordinaria,
perché vincere non è mai scontato.*

Max Allegri

La partita Francia-Svizzera degli Europei 2020, quella con cui avevamo aperto il libro, nel frattempo è finita. Come sappiamo tutti, è la Svizzera ad aver passato il turno. La Francia dei fuoriclasse, degli Mbappé, dei Benzema, dei Pogba, dei Griezmann e di tutti gli altri transalpini dal piede fatato è stata accompagnata fuori con efficiente cortesia dagli elvetici, che presi singolarmente (almeno nel calcio) hanno un valore di mercato e una tecnica decisamente inferiore.

Detta in modo meno ampolloso, la squadra più debole ha fatto fuori quella più forte. Non è la prima volta che succede, e non sarà l'ultima.

Non sappiamo cosa avrebbe detto Gianni Brera della Francia, ma sappiamo benissimo cosa scrisse riguardo a un'occasione analoga:

> *I brasiliani erano montati come pavoni: gli bastava il pareggio per accedere alla semifinale: hanno cervelloticamente preteso di umiliarci e sono stati umiliati. [...] Ha segnato Falcao da fuori e sul 2-2 i brasiliani hanno insistito all'attacco scoprendosi fatalmente in difesa: quegli stupidi gallinacci hanno tirato al chicchirichì e gli è uscito un coccodè tragicomico.*

Nessun'altra squadra al mondo avrebbe voluto correre altri rischi dopo avere agguantato per la seconda volta il pareggio, che le bastava. I brasiliani si sono infilzati da soli. Sono tornati ad aggredirci: e noi siamo tornati a stringere i denti e a lottare per non lasciargli fare gioco.

Per poi concludere:

Nessuno al mondo avrebbe osato sperare nel miracolo di un'altra vittoria italiana. E invece ha propiziato il nuovo miracolo l'ingenua galloria dei brasiliani, dimentichi d'un assioma fondamentale del gioco: il safety first (primo non prenderle) degli antichi maestri inglesi.
Bastava ai brasiliani il pareggio per accedere alle semifinali: hanno dimenticato la difesa mandando anche i terzini a cercare la vittoria. Noi abbiamo fatto esattamente il contrario.

Il Brasile del Mondiale 1982 era, probabilmente, la squadra più forte di tutti i tempi. Nella stessa squadra giocavano Zico, Sócrates, Falcão, Éder, Léo Júnior e Toninho Cerezo, tutti fuoriclasse assoluti a livello individuale. Eppure con l'Italia persero, e persero clamorosamente. Non inganni il 3-2: gli azzurri ottennero quel successo allo stadio Sarriá sbaragliando gli avversari, l'Italia sciupò diverse occasioni, senza contare che un gol regolarissimo fu annullato a Giancarlo Antognoni dall'arbitro Abraham Klein.

Le testimonianze dell'epoca furono tutte concordi. Da quel girone l'Argentina, con i suoi 0 punti, era ormai eliminata, mentre l'Italia, a 2 punti come i verdeoro, scontava una peggior differenza reti: alla nazionale brasiliana bastava un pareggio per passare. Il Brasile, dunque, aveva perso perché non si era accontentato e aveva tentato di vincere, anzi, di stravincere. Non lo scrissero solo i giornalisti sportivi e non (oltre a Brera, anche Mario Soldati e molti altri): gli stessi protagonisti della partita, dall'uno e dall'altro lato del campo, lo sostennero con convinzione.

Ma andò davvero così?

Gennaro Bozza, giornalista accorto e cresciuto alla scuola di uno degli sport più tattici del mondo – il tennistavolo, di cui è uno dei pochi capaci a scriverne con cognizione di causa – fece notare in un suo articolo parecchi motivi per cui questa lettura non lo convinceva.

A ben vedere, il Brasile chiappò tutti e tre i gol a difesa completamente schierata – sul terzo, che arrivò sugli sviluppi di un calcio d'angolo, i brasiliani erano *tutti e undici nella propria area*. Il secondo gol, in particolare, è molto istruttivo: Rossi si avventa su un passaggio laterale rasoterra di Cerezo parallelo all'area di rigore, intercetta il pallone, parte in velocità e infila il portiere.

Possiamo sentire chi si intende di calcio rabbrivire di fronte al concetto appena esposto: passaggio laterale rasoterra davanti all'area. Nessun difensore degno di questo nome farebbe mai un passaggio del genere di fronte ai propri sedici metri.

E qui sta il punto, forse: Toninho Cerezo non era un difensore. Gli unici difensori autentici erano Leandro e Oscar. Per il resto, due centrocampisti a fare i difensori e un grappolo di numeri 10 a centrocampo: Zico, Falcão, Sócrates. Tutti geniali nel lambire il cuoio con l'alluce intiepidito dal meriggio brazileiro, ma nessuno portato a pedalare per smarcarsi nella calura punica del Sarriá. Ecco il motivo per cui il povero Toninho non sa a chi darla in attacco e risolve di passarla accanto in modo scellerato, in mezzo ad altri tre artisti spaesati in divisa gialla, senza un ruolo e un'idea precisa. Al contrario di Pablito Rossi, che la ruba, insacca ed esulta.

I soli problemi dei carioca a livello individuale si trovavano agli estremi del loro gioco, in cima e in fondo. Tra i pali Waldir Peres, portiere dalla presa malsicura, e in attacco Serginho Chulapa, centroavanti dal fisico di Lukaku e dai piedi di Egidio Calloni (in realtà, il titolare avrebbe dovuto essere un altro, un ventenne astro nascente dal nome di Antônio Careca, che però si infortunò prima delle fasi finali del Mondiale).

Capaci, anzi, fortissimi tutti gli altri: ma parecchi completamente fuori ruolo. Centrocampisti a fare i difensori, attaccanti a centrocampo.

Un po' la stessa cosa che è successa con la Francia agli ultimi Europei.

I transalpini, se diamo un'occhiata alla rosa dei nomi dei giocatori con l'accento sull'ultima sillaba, erano senz'altro di caratura superiore, ma alcuni dei suoi componenti si trovavano decisamente al posto sbagliato: Adrien Rabiot, per esempio, pur essendo un centrocampista è stato schierato da Deschamps come terzino.

Chiediamo venia se, sull'onda del ricordo di Giuanìn Brera, ci siamo lasciati trasportare dalla sua alata modalità espressiva. Torniamo dunque al nostro modo di esprimerci, adeguato a ciò che siamo – nerd – e a ciò di cui vogliamo parlare – regole, regolarità, princìpi.

Crediamo che gli esempi riportati nei capitoli di questo

libro siano propedeutici per la lezione più importante che possiamo imparare dal calcio giocato: condividere un obiettivo non significa condividere un piano d'azione.

L'obiettivo è comune: vincere. Ma tutti e undici all'attacco, si perde. E tutti e undici in difesa, di sicuro non si vince – anzi. Senza contare che in partite a livello internazionale, dove la differenza fisica e tecnica fra i contendenti è spesso minima, basta che uno dei giocatori non abbia le idee chiare e va tutto a catafascio.

Le squadre di calcio sono macchine composte da perfetti ingranaggi e parti flessibili, come una bicicletta: ma ogni pezzo richiede la scelta del materiale più adatto. Fare la catena di gomma non sarebbe una buona idea, e fare le ruote di metallo potrebbe anche funzionare, finché la strada è liscissima; ma basta un sassolino, e voli via come Zoroastro da Peretola, l'allievo di Leonardo da Vinci che faceva da collaudatore delle macchine per il volo umano del Maestro.

D'altra parte, saremmo veramente fessi a paragonare una squadra di calcio a una bicicletta se non aggiungessimo al nostro conto il fattore più importante: colui che pedala. Così come una bici non va da sola, ma permette al ciclista di scalare passi dolomitici e mezz'ora dopo di partire in volata a settanta all'ora, una squadra il più delle volte serve per non prendere gol e subito dopo portare la palla al fuoriclasse, allo Zico, al Baggio, al Messi di turno. Nove o dieci artigiani di bottega al servizio dell'unico vero artista, quello che è in grado di fare la cosa che non ti aspetti.

E tale abilità nel sorprendere, visibile, viene da altre capacità meno palesi. Capacità di ragionare in tempi brevissimi, di correre con il pallone attaccato al piede come se niente fosse e a testa alta, guardando tutto il campo e sapendo, di compagni e avversari, dove sono, dove saranno e dove non arriveranno mai. Nella testa dell'artista del pallone ci sono sia la geometria che la fantasia, che si cedono il passo in continuazione.

Sì, perché il confine fra matematica e istinto, tra arte e scienza è meno marcato di quanto si possa credere. Leonardo da Vinci, nel suo celebre libro sulla pittura, ne parlava come di una vera e propria scienza, e diceva che il pittore doveva avere una profonda conoscenza della natura e della matematica, se voleva rendere in due dimensioni un oggetto che in realtà aveva tre dimensioni e si muoveva pure: poi però i quadri li dipingeva, non si limitava ai discorsi.

Allo stesso modo, il fuoriclasse utilizza tutta la sapienza pratico-scientifica di chi lo precede per prendere l'oggetto matematico per eccellenza, una sfera, e mandarla in rete.

C'è chi dice che il calcio è arte, e chi dice che il calcio è scienza.

Noi, sommessamente, ci permettiamo di dire che forse è entrambe le cose.

Epilogo al VAR
(ovvero l'epilogo rigiocato)

Bisogna saper scegliere in tempo,
non arrivarci per contrarietà.

Francesco Guccini

L'Europeo 2020 è poi andato avanti, tutti sappiamo come. Al massimo, non ci ricordiamo le ore dopo la finale, causa familiare di birra gelata consumata interamente.

Anche in questo caso la sfavorita – seppure meno di quanto non lo fosse la Svizzera – ha battuto i padroni di casa sicuri di vincere. Un episodio che, oltre a confermare quanto sostengono gli autori di questo libro, cioè che il calcio è il gioco più avvincente del mondo, ci offre uno spunto *in extremis* su scienza dei dati e sport.

La partita tra Inghilterra di Gareth Southgate e l'Italia di Roberto Mancini infatti si è conclusa solo dopo l'ultimo minuto dei supplementari, con i Tre Leoni che hanno perso alla famigerata lotteria dei rigori. Così, all'indomani della pesante sconfitta, i giornalisti si sono subito precipitati dall'allenatore inglese per chiedergli come aveva scelto l'ordine dei tiratori dal dischetto.

Southgate, va detto, si è preso le sue responsabilità. Aggiungendo però una postilla: i rigoristi erano stati scelti sulla base di un modello matematico già utilizzato in passato. Un algoritmo, insomma.

Kane, Maguire, Rashford, Sancho e poi Saka: questo sarebbe stato l'ordine ottimale calcolato dagli analisti e dai loro computer per beffare il portiere azzurro.

In questo caso, quello che abbiamo imparato su come funzionano gli algoritmi ci permette se non di confutare, almeno di dubitare della versione inglese, che puzza un poco di capro espiatorio.

Da un parte, infatti, il ct non ha rivelato i dettagli di tale algoritmo. Dall'altra, c'è un dato a farci venire un più che ragionevole sospetto: l'ultimo rigorista inglese, il giovanissimo Bukayo Saka, non aveva mai tirato un rigore in una partita ufficiale di Premier League. E quale razza di algoritmo suggerirebbe un rigorista di cui non ha mai "visto" un rigore?

Con l'analisi dei dati siamo dunque passati al livello successivo, dal «meritavamo di vincere» a «l'algoritmo non ha funzionato».

Sembra la solita scusa da post partita, in realtà è il segno di come il calcio stia evolvendo. Non sono più i tempi del Perugia di Luciano Gaucci, in cui tutta la colpa cadeva sempre e solo sull'allenatore. Fosse vivo oggi, Gaucci avrebbe già cominciato a esonerare gli algoritmisti.

Ringraziamenti

Si ringrazia Gianni Brera, sia per il fatto di essere Gianni Brera sia per le perle che abbiamo trafugato dai suoi libri, in particolare: *Storia critica del calcio italiano*, Bompiani, Milano 1975 (poi riedito da Baldini & Castoldi) e *Il principe della zolla*, il Saggiatore, Milano 2015.

Si ringrazia Playerank, un nome che non rappresenta solo un algoritmo di ranking per calciatori. Playerank è un gruppo che diversi anni fa ha cominciato a combinare cervelli artificiali e piedi reali. Piedi altrui, si intende. La sfida di comprendere il calcio attraverso sensori, videocamere e algoritmi è più tosta di quello che sembra. Di questo gruppo fanno parte, oltre agli autori di questo libro, Luca Pappalardo, informatico e ricercatore, Paolo Ferragina e Dino Pedreschi, professori di Informatica. Da un'idea di ricerca, Playerank è diventata una startup innovativa e proprio in questo periodo stanno vedendo la luce i suoi primi prodotti. Su tutti, la piattaforma di scouting, raggiungibile all'indirizzo: https://app.playerank.it

Si ringrazia infine Diego Armando Maradona. Lui sa perché.

Indice

Prologo	5
Un diluvio di numeri (sopra un deserto di idee)	17
Un esempio scolastico (ma efficace)	29
Sull'attenti, soldato Zoff!	45
Aspettando il goal	59
Maradona è megl'e Pelé?	75
Salire di livello	97
Il suo ruolo, mi spieghi qual è?	111
Giochi di ruolo	129
Una stagione non fa primavera	155
Epilogo	173
Epilogo al VAR (ovvero l'epilogo rigiocato)	181
Ringraziamenti	185